놀이터를 지켜라

놀이터가
살아난다

아이들이
안전함을
느낀다

동네가
살아난다

놀이터를
지켜라

NGO, 지자체, 건축가, 기업, 마을 공동체가 함께한
놀이터 개선 프로젝트 586일의 기록 / 제충만 지음

푸른숲

나를 키운 건 8할이 놀이터였다

많은 사람이 내게 묻는다. 놀이터에 매달리는 이유가 뭐냐고. 처음에는 쉽게 대답하지 못했지만 이제는 답할 수 있다. 어린 시절 기억이 나를 지금까지 놀이터로 이끌었다고.

부모님이 맞벌이를 하셨기에 나는 아주 어릴 때부터 혼자 있는 시간이 많았다. 하지만 외롭지 않았다. 부모님이 당부하신 주의사항만 지키면 마음껏 놀 수 있었기 때문이다. 주의사항은 '모르는 아저씨가 주는 과자 받지 않기', '위험한 곳에 가지 않기', '어두워지기 전에 집에 오기'였다.

당시 우리 집은 서울 변두리 골목 어귀에 있었다. 나는 동네 형, 누나들과 함께 놀며 자랐다. 골목을 누비고 논바닥에서 미꾸라지를 잡고 논두렁을 따라 뛰기도 했다. 온종일 놀다가 뉘엿뉘엿 해가 질 때 집으로 돌아오면 엄마가 "충만아, 밥 먹어라!" 하셨다. 그 소리가 그렇게 좋을 수가 없었다.

그렇다고 내 유년 시절이 마냥 행복했던 것은 아니다. 아토피가

심해 몸 여기저기에 상처가 많았다. 무릎 안쪽에서 시작된 아토피는 발바닥, 팔 안쪽, 뒷목으로 번졌다. 한 곳이 나아지면 다른 곳이 심해졌다. 가려움이 심할 때는 제대로 잘 수도 없었다. 내 피부가 왜 이렇게 되었는지를 두고 부모님이 서로를 탓하실 때는 내 몸을 때리며 원망하기도 했다. 밤새 긁어서 빨갛게 진물이 난 몸을 보면 아침에 학교 가기가 싫었다. 실력 있다는 의사들을 다 만나고 여러 가지 약도 써보았지만 잘 낫지 않았다. 오히려 착색이나 발진 같은 부작용만 생겼다.

아토피는 어린 시절 내 자존감에 많은 영향을 끼쳤다. '이런 나를 누가 좋아할까' 하는 생각이 계속 맴돌았고 친구들을 사귈 자신도 없었다. 남보다 더 잘하지 않으면 사랑받지 못할 거라는 생각으로 가득했다.

지긋지긋한 가난도 나를 우울하게 했다. 밥을 굶을 정도는 아니었지만, 장난감을 가져본 기억이 없을 정도로 집안 형편이 어려웠다. 친구들이 자전거를 사면 나도 자전거를 갖고 싶다고 수많은 밤을 기도했다. 게임기를 한번 만져보려고 친구에게 사정도 했다. 하지만 무엇보다 얼마 되지 않는 돈 때문에 부모님이 다투시거나, 친척들과 이웃들에게 험한 말을 들을 때 가장 서글펐다. 어린 나이에 가난이 얼마나 자존심 상하고 가슴 아픈 일인지 절감했다.

그 힘든 시간을 이겨낼 수 있었던 건 놀이 덕분이다. 친구들과 종일 뛰어놀다 보면 어느새 힘든 감정이 사라졌다. 당시 나에게는 늘 멋진 '놀이터'가 있었다. 골목, 놀이터, 교실, 운동장 할 것 없이 어린 시절 나는 어디서나 신나게 뛰어놀았다. 그래서 내 일기의 마지막 문장은 언제나 '참 재미있었다'였다.

그럼 요즘 아이들은 어디서, 어떻게 놀고 있을까?

2014년 초, 경향신문에서 놀이 관련 기획기사를 연재했다. 기사를 통해 아이들의 놀이 실태를 확인한 나는 깜짝 놀랐다. 학원이나 방과 후 수업 때문에 바빠서 놀지 못한다고 답한 아이들이 많았다. 부모들은 자녀들의 놀이 시간이 본인의 어린 시절 놀이 시간의 20~30퍼센트밖에 되지 않으며, 동네에 안전하게 놀 공간이 부족하다는 답변을 많이 했다. 보건복지부 아동종합실태조사에 따르면 대한민국 아동 세 명 중 한 명은 하루 30분 이상 놀지 못하는 것으로 나타났다. 응답자의 절반은 방과 후 하고 싶은 활동으로 '친구들과 놀기'를 꼽았다. 하지만 실제로 방과 후에 친구들과 노는 아이는 5.7퍼센트에 불과했다. 놀 수 있는 시간도, 공간도 턱없이 부족하고 친구도 별로 없었다.

한편, 아동 및 청소년의 자살률은 급증해서 심각한 사회문제가 되고 있다. 여성가족부와 통계청이 발표한 '2016년 청소년 통계'에 따르면 2014년 기준 9~24세 청소년의 사망 원인 1위가 '고의적 자해(자살)'였다. 청소년 10만 명당 7.4명이 스스로 목숨을 끊었다. 운수 사고(4.9명)와 암(2.9명)으로 인한 사망자 수를 합친 것과 비슷한 수치였다.

　미안했다. 친구들과 함께, 실컷, 맘껏 놀지 못하는 아이들의 현실과, '놀이'로 행복했던 내 어린 시절을 떠올리니 미안한 마음이 앞섰다. 내가 즐겁고 행복한 유년기를 보낼 수 있었던 이유는 아이들이 마음껏 놀 수 있도록 배려해준 어른들이 있었고, 사회가 지금처럼 과도하게 경쟁을 부추기지 않았고, 그 덕분에 시간 여유가 있었기 때문이다. 그런데 지금 우리 아이들이 처한 환경은 어떤가? 이런 상황에서 내가 할 수 있는 일은 과연 무엇일까? 내가 놀이 덕분에 행복한 유년 시절을 보냈듯이 지금 우리 아이들도 놀이를 통해 행복을 느낄 수 있게 해주는 일이 아닐까?

　이러한 노력의 결과를 책에 담았다. 이 책에는 놀이터 두 곳을 만들게 된 과정이 담겨 있다. 사실 대한민국에는 6만 개가 넘는 놀이터가 있다. 편의점, 치킨집보다 많다. 하지만 이 책에서 소개하는 놀이터는 조금 특별하다. 아이들과 마을 주민들, 서울시와 중랑구, 벤처 기부 펀드 'C프로그램', 놀공발전소(이하 놀공), pxd가 함께 만든 놀이터이기 때문이다.

　또한 이 책은 부끄러운 나의 이야기이기도 하다. 놀이를 통해 성장한 한 사람이 아이들에게 놀이를 돌려주기 위해 애쓴 흔적을 담아냈기 때문이다.

내가 이 책을 쓰는 게 옳은지 오래 고민했다. 프로젝트를 제안하고 이끌어간 것은 사실이지만, 나 혼자 이룬 일이 아니기 때문이다. 여러 디자이너와 아이들, 지역 주민들, 공무원들, 자금을 후원해준 기업, 그리고 동료들이 함께하지 않았다면, 아무것도 할 수 없었을 것이다.

아이들이 왜 잘 놀아야 하는지 동료들과 긴 시간 이야기를 나누었다. 그리고 내린 결론은 "아이들에게 놀이는 배움이자 삶이자 권리"라는 것이었다. '잘 놀면 이러이러한 측면이 무조건 발달한다'고 말할 수는 없다. 하지만 놀이가 힘든 시간을 견딜 수 있는 힘을 주는 것만은 분명하다. 그래서 더더욱 아이들의 놀이를 지켜주어야 한다. 어른인 우리가 어린 시절 마음껏 놀면서 세상을 탐험할 용기와 힘든 시간을 이겨낼 힘을 얻었듯, 우리 아이들에게도 마음껏 놀 공간과 시간을 만들어주어야 한다.

친구들과 어울려 부딪히고 매달리고 달리면서 배우는 타인과의 소통, 세상에 대한 이해, 삶의 이치. 이것이 바로 우리가 아이들에게 불어넣어주고 싶은 힘의 원천이 아닐까?

2016년 가을 제충만

차례

5　　　나를 키운 건 8할이 놀이터였다　　　프롤로그

1　　　놀이에 주목하다

16　　우리 뭐 하고 놀아요?

22　　놀이를 공부해보자

30　　소현, 도현이 남매와의 만남

42　　놀이터의 비밀

54　　이런 부모 또 없을까?

66　　요즘 애들이 놀이터에서 노나요?

80　　하늘 놀이터에서 배운 것

2 놀이터를 생각하다

88   우리랑 같이 하실래요?

98   한 가지만 하세요!

106   서울시와 함께하다

112   놀이터가 왜 여기 있나요?

120   세화 놀이터와의 만남

130   이건 내 놀이터예요

138   최고의 디자이너를 찾아라

3 놀이터를 연구하다

146   아이들은 뛴다, 고로 존재한다

154   크게! 높게! 넓게! 무섭게!

162   피시방보다 놀이터가 재미있어요

174   좋은 놀이터와 나쁜 놀이터

180   서울숲 체험기

194   낙서, 놀이가 되다

204   내 놀이터를 만들어줘서 고마워요

4

놀이터를 개선하다

216   동네 일에 관심 있으세요?
228   까다로운 이웃들과 함께
242   모래 바닥 vs 고무 바닥
250   놀이터를 다시 열던 날

5

공동체를 살리다

264   새로운 놀이터에서 노는 법
274   앞집 할머니가 달라졌어요
282   개장식 대신 놀이터 축제
290   마을 공동체의 힘을 느끼다
300   놀이터 백일잔치를 중계합니다

6 586일의 여정, 그 후를 고민하다

316 모험이 허락되지 않는 시대

324 놀이터를 지키는 소녀시대

330 좋은 놀이터는 어떤 놀이터인가

340 작지만 큰 변화

350 놀이터 지키기, 이제부터 시작이다

360 평범한 아이들의 행복을 지켜야 한다　에필로그

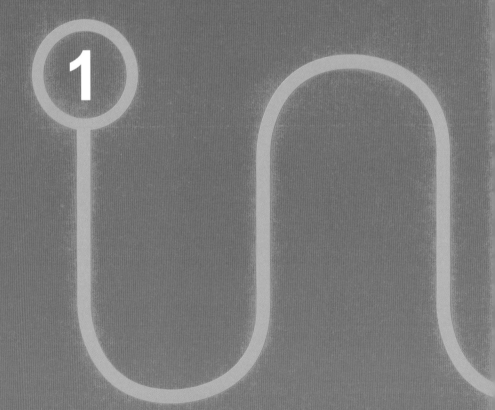

우리 뭐 하고 놀아요?
놀이를 공부해보자
소현, 도현이 남매와의 만남
놀이터의 비밀
이런 부모도 없을까?
요즘 애들이 놀이터에서 노나요?
하늘 놀이터에서 배운 것

1

놀이에
주목하다

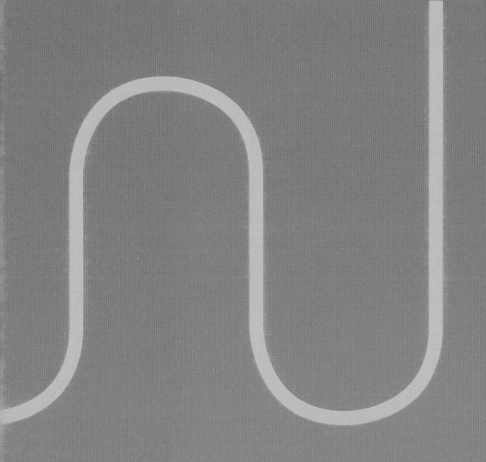

우리 뭐 하고 놀아요?

"선생님, 우리 뭐 하고 놀아요?"

"너네끼리 알아서 놀면 되지."

나는 교회 주일학교에서 10년째 초등부 교사로 활동하고 있다. 초등부는 3학년과 4학년 아이들로 구성되어 있는데, 이날은 갑갑한 교실에서 벗어나 인근 아파트 놀이터로 야외 수업을 하러 나온 참이었다. 말이 야외 수업이지, 날씨도 좋으니 밖에서 맘껏 뛰어놀게 해줄 생각이었다. 아이들도 신이 났는지 "와아!" 하며 한달음에 내달렸다. 그런데 막상 놀이터에 도착하자 내게 와서 무얼 하고 노느냐고 물었다.

"선생님, 이거 어떻게 해요?"

"선생님, 우리 다른 데 가면 안 돼요?"

"선생님, 얘들 계속 싸워요."

내가 어렸을 때는 놀이터에 놀 거리가 무궁무진했다. 약속하지 않아도 놀이터에 가면 언제나 친구들이 있었다. 멋진 놀이 기구가 없어도 온 놀이터를 내 집처럼 뛰어다녔다. 주말에는 아침에 나가서 저녁 무렵까지 놀고도 집에 돌아갈 때면 아쉬움이 남았다. 그런데 왜 이 아이들은 자기들끼리 놀지 않고 나에게 묻는 걸까, 의아했다.

나는 멀찍이 앉아 아이들을 지켜보았다. 아이 둘이 부리나케 달려가 그네에 앉았다. 뒤늦게 도착한 아이들도 그네 줄을 이리저리 잡아당긴다. 몇 차례 고성과 발길질이 오간다. 한 녀석이 자기도 타겠다며 고집을 부린다. 나머지는 시소로 간다. 서서 타는 아이와 앉아서 타는 아이가 옥신각신하더니 두어 번 쿵더쿵 한다. 반동이 크지 않자 이내 싫증을 내고 미끄럼틀을 타러 간다. "우아!" 하며 몇 번 미끄럼틀을 타더니 또 금세 흥미를 잃는다.

이번에는 철봉이다. 높은 봉을 잡으려고 몇 차례 뛰어오르더니 낮은 봉에 두 녀석이 매달린다. 한 녀석이 옆 친구를 다리로 감으려고 장난을 치다가 실수로 친구를 친다. 곧 말다툼이 벌어진다. 그네에는 여전히 세 아이가 엉겨 붙어 옥신각신하고, 철봉에서는 두 아이가 싸우고, 한 녀석은 미끄럼틀에서 친구들을 목청껏 부르지만 아무도 대답하지 않는다. 총체적 난국. 아이들은 또 내게 온다.

나는 한 차례 중재에 나섰다. 이번에는 한 남자아이가 얼음땡을 하자고 한다. 아이들도 좋다고 한다. 가위바위보로 술래를 정하자, 모두 "와아!" 하며 도망간다. 이제 자기들끼리 잘 놀겠지.

그런데 몇 분 지났을까? 몇 차례 악다구니가 들리더니 여기저기서 분에 받친 소리가 터져나온다. 멀리 있는 친구의 '얼음'을 레이저로 풀어주는 규칙을 두고 싸움이 났다. 나는 하는 수 없이 직접 술래가 되었다. 아이들은 까르르 신이 났다.

못 본 척, 못 들은 척, 못하는 척

그런데 한참을 뛰어다니다가 뭔가 잘못됐다는 걸 알아챘다. 자신이 술래라고 인정하는 아이가 아무도 없다. 자기가 먼저 '얼음'을 했다고 우기는가 하면, 선생님이 그냥 계속 술래를 해달라고 조르고, "이제 네가 술래야" 해도 못 들은 척 히죽히죽 웃기만 한다.

"선생님도 힘들다. 이제 너네끼리 놀아" 하고 자리로 돌아오자 또다시 난장판이다. 계속 얼음땡을 하자, 런닝맨을 하자, 난 안 할래 하는 아이들이 한데 섞여 티격태격한다. 갑자기 "악!" 소리가 들렸다. 남자아이 하나가 높은 곳에서 뛰어내리다 발을 삔 것이다. 나도 모르게 짜증이 밀려왔다.

"얘들아, 이제 그만 가자!" 결국 아이들은 제대로 놀지도 못하고 기분만 상해서 터덜터덜 돌아와야 했다.

교회로 돌아오는 길에 몇 명은 집으로 돌아가고, 몇 명은 예배에 참석한 엄마 아빠를 기다리며 시간을 보냈다. 교회에서 아이들이 가장 좋아하는 시간이 어른들의 예배 시간이다. 예배당을 제외한 교회 전체를 맘껏 뛰어다닐 수 '있었기' 때문이다. 과거형인 이유는 이제 뛰어다니며 노는 아이들이 없기 때문이다. 교회에 남은 아이들은 구석으로 가서 일제히 게임기와 휴대전화를 꺼냈다.

휘적거리기만 하는 아이들

불과 몇 년 전만 해도 아이들과 아파트 놀이터에 오면 경비 아저씨가 너무 시끄럽다고 주의를 주곤 했다. 내가 나서지 않아도 아이들끼리 놀았다. 그런데 어느 순간 뭔가 변했다는 느낌이 들었다.

재미없는 놀이터와 놀이 기구가 문제일까? 아니면 평소 친하게 지내는 친구들이 아니라서? 놀이터는 그때나 지금이나 똑같은 놀이터고 놀이 기구도 그대로다. 우리 반 아이들은 벌써 1년을 함께 보냈으니 서로 서먹할 이유는 없다. 혹시 그 자리에 교사가 있어서 아이들이 교사에게 의존하는 걸까? 아니, 나는 예전에도 있었다. 그럼, 대체 이유가 뭘까?

사실 이런 경험이 처음은 아니다. 몇 해 전 도시 아이들과 농어촌 아이들의 하루를 비교하느라 목동에 사는 5학년 여자아이의 하루를 관찰한 적이 있다. 아이는 학원에 가기 전 친구들과 놀이터에서 시간을 보냈다. 나는 아이들이 놀이터에서 신나게 놀 것으로 기대했는데 실상은 전혀 달랐다. 아이들은 휘적휘적 돌아다니는 게 전부였다. 여기 가서 찔끔, 저기 가서 찔끔 놀이 기구를 건드려보다 말았다. 뭘 해보려 하다가도 의견이 모이지 않았고, 아장대는 어린아이들 사이에서 맘껏 뛰기도 불편했다. 거치적거리는 가방을 메고 신발에 모래가 들어가지는 않을까 조심하는 모습은 논다기보다 시간을 때우는 쪽에 가까워 보였다. 시간이 되자 아이들은 학원 차를 타고 떠났다. 잠깐 비는 시간에 갈 곳이 없어서 놀이터에 왔을 뿐 놀이터 자체를 좋아하는 것 같지는 않았다.

살다보면 놀이터에 갈 일이 종종 생긴다. 나처럼 교회 아이들과 가기도 하고, 조카들을 데리고 가기도 하고, 친구들과 앉을 곳을 찾으러 가기도 한다. 그때마다 마주치는 휘적거리는 아이들. 우리 모두가 언젠가 한두 번은 마주친 적이 있는 낯익은 풍경이다.

이건 아닌데, 정확히 뭐가 잘못된 건지, 어쩌다 이렇게 된 건지도 모르는 나 자신에게 화가 났다. 그리고 미안한 마음이 들었다. 나는 어린 시절 무척 재미있게 놀았는데 지금 아이들은 놀 기회가 생겨도 제대로 놀지도 못하는구나 싶었다. 어쩌다 이렇게 된 걸까.

그날의 기억은 이런 의문과 함께 강한 인상으로 남았다. 나는 이날 생긴 의문을 잊어버리지 않도록 메모장에 꼼꼼히 기록해두었다. 그리고 해가 바뀌고 어느 날, 이날의 기억을 조심스레 꺼내보게 되었다.

놀이를
공부해보자

어느 날 커뮤니케이션부 고우현, 신은정 대리와 함께 밥을 먹으며 최근 본 영화와 TV 프로그램에 관해 소소한 이야기를 나눴다. 그러다 신은정 대리가 얼마 전 EBS 다큐멘터리에서 안타까운 내용을 보았다고 했다.

"초등학생들의 놀이를 다룬 다큐멘터리를 봤는데요. 거기 나온 여자아이가 너무 짠한 거예요. 하루 중 친구와 노는 시간이 아예 없었어요. 학원을 너무 많이 다녀서 학교 끝나고 부리나케 뛰어가야 겨우 시간을 맞추더라고요. 학교 쉬는 시간에도 밀린 학원 숙제 하느라 바쁘고요. 보는 내내 안타까워서 혼났어요."

나도 신 대리가 이야기한 다큐멘터리를 보았다. 나는 아이들의 놀이 시간이 현저히 줄어든 것도 문제지만, 그나마 주어지는 놀이 시간도 학원에 가기 전이나 쉬는 시간 정도로 매우 짧아서 친구들과 뭘 해보기도 전에 끝나버리는 것이 더 큰 문제로 느껴졌다. 놀이에 제대로 빠져들기도 전에 끝나버리니 요즘 아이들은 단편적이고 심심한 놀이만 하고 있는 셈이었다. 우리 이야기를 듣던 고대리도 초등학생들의 학습량이 엄청나게 늘었고, 시간으로만 따지면 대학생들보다 학업 시간이 길다는 기사를 봤다고 했다.

얼마 전에 교회 아이들과 놀이터에 갔다가 낙담한 일도 생각났다. 나는 그때 일을 격앙된 목소리로 쏟아냈다. 신 대리와 고 대리도 비슷한 상황을 종종 봤다며 목격담을 들려주었다. 그렇게 성토가 끝날 때쯤, 우리가 어렸을 때는 얼마나 재미있게 놀았는지로 화제가 자연스럽게 넘어갔다.

온종일 동네 친구들과 골목길에서 놀다가 밥 먹으라고 부르는 엄마 목소리에 일제히 집으로 돌아가던 기억, 모판을 논바닥에 넣고 아래위로 흔들면 사정없이 튀어나와 춤을 추던 미꾸라지들, 여기저기에 떨어진 북한 '삐라'를 주워 경찰서에 가져다주고 사탕을 받아 우쭐대던 기억, 물방개와 붕어를 같은 통에 넣어두었더니 물방개가 붕어를 모조리 잡아먹었다는 무시무시한 이야기까지, 나는 자유분방했던 내 어린 시절을 이야기했고, 신 대리와 고 대리도 즐거웠던 자신의 어린 시절을 들려주었다. 그렇게 우리는 한참 동안 이야기꽃을 피웠다.

짧은 점심시간이 끝날 때쯤 우리들은 어린 시절에 참 많이 놀았고 그것이 행복한 유년기를 만든 원동력이라는 사실을 깨달았다.

그리고 정확히 정의할 수는 없지만, 충분한 놀이 경험이 현재의 인생에 중요한 자양분이 되었다는 사실을 인정할 수밖에 없었다.

평범한 아이들도 행복하지 않다

"어른들은 어릴 때 그렇게 재미있게 놀았으면서 왜 애들은 못 놀게 하는 걸까요? 미안하지도 않을까요? 전 너무 화가 나요."

"그럼 제충만 대리가 뭐라도 해봐요."

신 대리의 권유에 고 대리도 의견을 내놓았다.

"그런데 우리 기관에서 놀이와 관련해 뭔가를 한다는 게 좀 한가한 소리로 들리지 않을까요? 지금 당장 전쟁이나 기아, 부모의 학대로 죽는 아이들도 많은데, 놀이가 부족하다고 당장 죽지는 않으니까요."

"그 말도 맞지만 저는 예전부터 우리가 극한 상황에 처한 '요보호 아동'뿐 아니라 평범한 아이들의 행복에도 관심을 기울여야 한다고 생각했어요. 평범한 아이들의 일상도 자세히 살펴보면 누군가의 개입이 필요한 지경에 이른 게 아닌가 싶어요. 행복하지 않다고 아우성치는 아이들의 목소리가 들리는 것 같아요. 그냥 부모들에게 맡겨두고 '알아서 잘 키우세요' 하는 것도 한계에 봉착한 느낌이에요. 놀이만 해도 어른들은 아무도 신경 쓰지 않지만 아이

평범한 아이들의 행복을 위해서도
뭔가 해야 한다.

들은 힘들다고 이야기하고 있잖아요. 지금 당장 죽고 사는 문제가 아니라고 문제가 아예 없는 거라고는 생각하지 않아요. 서서히 메말라가는 것도 분명 고통이니까요. 아마 총량으로 치면 평범한 아이들의 고통의 합이 훨씬 크지 않을까요?

작년 '한국 아동의 삶의 질 심포지엄' 때 위지오 어린이가 축사했잖아요. 저는 그때 지오가 한 말 중에 '평범한 아이들의 행복에 관심을 두고 연구해주셔서 감사드린다'는 말이 뇌리에 남아요. 평범한 아이들의 행복을 위해서도 뭔가 해야 할 것 같아요."

나도 모르게 그간 속에 담아두었던 말이 한꺼번에 쏟아져 나왔다. 내가 평소에 만나는 아이들은 평범하기 그지없다. 하지만 그 아이들의 삶도 들여다보면 여간 팍팍하지 않다.

"저도 같은 생각이에요. 그런데 '놀고 있네'라는 말처럼 우리나라에서는 놀이가 게으름과 비슷한 의미로 통할 만큼 부정적이고, 학습 시간과 밀접하게 맞닿아 있기 때문에 접근하기 쉽지 않을 거예요. 연구를 충분히 해야 할 것 같아요."

"그럼, 말 나온 김에 스터디라도 해볼까요? 아이들에게 놀이가 왜 중요한지, 우리가 왜 아이들의 놀이에 주목해야 하는지. 또 알아요? 공부하다 보면 답답한 마음을 뚫어줄 돌파구를 찾을 수 있을지."

그렇게 식당에서 엉겁결에 한 도원결의가 주 1회 한 시간씩, 총 9개월에 걸친 'UNCRC31 스터디'로 이어졌다. 스터디 이름은 아이들의 놀 권리를 규정한 유엔아동권리협약(The United Nations Convention on the Rights of the Child) 31조에서 따왔다. 1989년에 만들어진 유엔아동권리협약은 미국을 제외하고 유엔에 가입한 모든 국가가 비준한 협약으로 우리나라는 1991년 가입했다. 아이들의 놀 권리에 관하여 공부하는 스터디 이름으로 딱 맞아 보였다.

아이들의 놀 권리를 공부한다

사실 스터디를 시작할 때만 해도 구체적인 계획이 없었다. 그저 요즘 아이들이 왜 잘 놀지 못하는지, 어디서부터 어떻게 망가지기 시작한 것인지 알고 싶다는 마음만 가득했다. 그래서 처음에는 각자 자신의 전문 분야를 활용해 한 명씩 돌아가면서 그 주의 주제와 진행 방식을 정했다. 자칫 단조로울 수 있는 스터디가 다양한 방식과 고민으로 채워질 수 있던 이유는 각자의 시각이 다르고 좋아하는 분야도 달랐기 때문이다.

해외에서는 아이들에게
방과 후 자유시간을 보장하는 것을
매우 당연하게 생각한다.

⋮
⋮

　어떤 사람은 자신이 관람한 영화 중에서 놀이와 관련이 있는 영화를 선정해 오고, 어떤 사람은 읽고 있던 책을 들고 왔다. 외국 논문을 살펴보는 사람도 있었고, 실제로 아이들을 만나고 놀이터에 가봐야 한다는 행동파도 있었다. 아이들의 놀이라는 주제를 각자의 색깔에 맞춰 다양한 방식으로 소화하려고 노력했다.

　지금 돌아봐도 모두들 'UNCRC31 스터디'를 참 열심히 했다. 다들 나름의 이유가 있었겠지만, 무엇보다 '아이들이 잘 놀지 못하는' 대한민국의 상황에 공감이 컸기 때문이 아닐까. 외국 사례를 찾아보면서 공감은 더 깊어졌다. 다른 나라에서는 방과 후 놀이 프로그램을 개발하는 데 주력하지, 우리처럼 놀이 시간을 확보하는 것이 중요하다는 사실을 강조하지 않았다. 방과 후에는 아이들에게 자유시간을 보장하는 것을 너무나 당연하게 생각하기 때문이다.

　하지만 우리나라는 방과 후에도 빡빡한 학원 시간 때문에 놀 시간을 확보하는 것 자체가 일이었다. 이미 출발점부터 다른 현실을 마주할 때마다 우리의 열정은 뜨겁게 불타올랐다.

그렇게 몇 개월간 놀이에 푹 빠져 지냈다. 언제까지고 계속할 수 있는 스터디가 아니었는데, 의도치 않게 시작한 스터디가 각자의 일이 되어버렸다. 사실 그때만 해도 알지 못했다. 이 스터디가 우리에게 어떤 결과를 가져올지.

소현, 도현이
남매와의 만남

"제 대리님, 제 고등학교 때 은사님이 며칠 뒤 서울에 오시는데 아이들과 함께 스터디에 초대하면 어떨까요? 누나가 6학년, 동생이 4학년이니까 딱 맞을 것 같아요."

"오, 좋아요. 어떤 애들인데요?"

"아버지 직장 때문에 독일에서 몇 년 살았고 필리핀에도 잠깐 있었대요. 지금은 한국에서 초등학교 다니고 있고요. 다른 나라 아이들 상황도 들을 수 있고, 한국과는 어떻게 다른지 잘 알 수 있지 않을까요? 어때요?"

"아이들만 괜찮다면 저야 당연히 좋죠."

"일단 선생님은 괜찮다고 하시는데, 아이들도 다 좋다고 한 건지 확인해볼게요."

스터디가 두어 주 진행되었을 무렵, 동료의 소개로 소현이와 도현이를 만나게 되었다. 아이들은 조금 긴장한 얼굴이었다.

처음에는 요즘 뭘 하며 어떻게 노는지 가볍게 물었다. 방학이 끝난 지 얼마 되지 않았을 때라 방학 때 놀았던 얘기로 기분 좋게 대화를 시작할 생각이었다. 하지만 질문이 채 끝나기도 전에 도현이가 찡그린 얼굴로 대답했다. "학교 다닐 때는 친구들 만나서 가끔 노는데, 방학 후에는 못 놀았어요."

소현이가 바로 말을 이었다. "친구들을 보면 방학 때 더 못 노는 것 같아요. 굳이 놀고 싶은 생각도 없는 것 같고요."

우리는 조금 당황해서 그럼 방학 때 어떻게 시간을 보내느냐고 물었다. 소현이는 그냥 빈둥거린다고 했다. 도현이도 개학하면 그나마 친구들이 있어서 놀기에는 더 낫다고 했다. 선생님의 설명에 따르면 아이들의 의사를 존중해서 학원을 많이 보내지 않는단다. 그러다 보니 방학 때는 자유시간이 꽤 있는데, 정작 친구들이 학원이다 캠프다 바쁜 탓에 시간이 맞지 않아서 둘이서 집에서 책을 읽거나 가족 활동을 많이 한다고 했다.

얼마 전 교회에서 우리 반 동연이에게 "동연아, 방학하니까 좋지?"라고 물었을 때와 상황이 비슷했다. 동연이는 정말 아무렇지 않게 대답했다. "선생님, 전 방학보다 학교 다닐 때가 더 좋아요. 방학 땐 집에만 있어야 해서 재미없어요. 누나랑 노는 것도 지겨워요." 방학 때는 친구들이 가까이 살지 않는 이상 만나기도 어렵고, 학원과 집만 왔다 갔다 해야 해서 오히려 더 지루하다는 것이다.

우리는 방향을 조금 바꾸어, 학교에서는 어떻게 노는지 물었다.

"드문드문 놀아요. 쉬는 시간에 틈틈이 5분쯤? 밖에서 노는 경우는 없어요."

소현이에 따르면 방과 후 활동이 끝나면 친구들은 모두 학원으로 가기 때문에 친구들과 노는 시간은 정규 수업을 마친 후부터 방과 후 활동 시작하기 전까지가 전부란다. 소현이는 보통 두 시반에 수업이 끝나고 방과 후 활동이 세 시에 시작하니 놀 시간이 30분밖에 없었다. 도현이는 한 시 반에 수업을 마치고 방과 후 활동까지 여유 시간이 조금 있다고 했다. 문제는 운동장이었다.

"그럼 수업 마치고 방과 후 활동 시작할 때까지 운동장에서 노는 게 전부라는 거야?"

"그런데 학교 끝나고도 못 놀아요. 야구부가 운동장을 쓰거든요."

"거기서 놀면 바로 선생님께 혼나요. 야구부가 써야 한다고요."

"그럼 우리는 어디서 놀아야 하느냐고 여쭤보면 되잖아?"

"아이, 그럼 혼난다니까요. 반항한다고."

아이들은 어이가 없다는 듯이 동시에 말했다.

이번에는 고우현 대리가 쉬는 시간은 얼마나 되는지 물었다.

"5분요. 원래는 10분인데 교실 이동하느라 실제 쉬는 시간은 5분이 안 돼요. 선생님들이 수업을 제때 안 끝내주시기도 하고요."

"10분, 20분 늦게 끝내주실 때도 있어요."

"그럼 다음 수업이랑 겹치잖아?"

"그러면 바로 다음 수업을 시작해요. 아니면 그 과목 수업을 다음 시간까지 이어서 하고 시간표를 바꾸고요."

"에이, 그게 말이 돼? 선생님한테 건의할 순 없는 거야?"

"없어요. 절대로."

"그럼 점심시간은 얼마나 돼?"

"12시 10분부터 점심시간인데 다음 수업이 12시 50분에 시작해요. 다들 놀고 싶어서 밥을 빨리 먹어요."

"저희는 반대예요. 최대한 천천히 먹어요. 어차피 청소만 하니까요. 일일 당번이 있어서 자기가 맡은 구역을 청소해야 하는데 이건 반마다 달라요. 원래는 점심시간에 운동장에서 놀아도 되는데 우리 담임 선생님은 허락 안 해주세요. 처음에는 교장, 교감 선생님이 허락 안 해주신 줄 알았는데 어떤 반은 놀거든요. 왜 그런지는 모르겠지만, 어쨌든 우리 반은 점심시간에 운동장에서 못 놀아요."

"우리 반도 그래요."

"그럼 점심시간에 애들이 운동장에 별로 없겠네?"

"당연하죠. 아예 못 나가니까."

"나가는 반도 있긴 해요. 한두 반 정도는 나가는데 5교시가 체육인 반은 미리 나가서 놀 수 있고, 어떤 반은 그냥 담임 선생님이 허락해주셔서 나갈 수 있어요."

어이가 없고 화도 났다. 이 아이들은 도대체 언제 어디서 친구들과 맘껏 뛰어놀 수 있는 걸까? 가늠할 수가 없었다. 동네에서도 못 놀고, 방학 때도 못 놀고, 방과 후에도 마찬가지고, 쉬는 시간도 짧고, 점심시간은 아예 나가지도 못한다니.

시끄럽다고 놀지 말래요

우리가 어렸을 때는 쉬는 시간이 있었다. 10분밖에 안 되는 짧은 시간이지만, 이때 우리는 교실 뒤에서 레슬링도 하고 복도도 뛰어다녔다. 심지어 중학교 때는 교실이 1층 출입문 옆에 있어서 쉬는 시간마다 밖에 나가서 축구나 농구를 했다. 지금 생각해봐도 그 짧은 시간에 발휘하는 집중력이 엄청났다.

스터디 때 살펴본 해외 연구 결과에 따르면, 하루 15분 이상 놀이 시간(recess time)을 가진 아이들이 그렇지 않은 아이들보다 수업 시간에 집중도 더 잘하고 학업 성취도 더 우수했다. 이렇게 쉬는 시간, 노는 시간 없이 몰아붙이면 오히려 집중력이 떨어지고 수업 태도가 나빠지는 것은 물론, 아이들이 학교를 답답해할 수 있겠다는 생각이 들었다. 영국의 경우 성인의 71퍼센트가 어렸을 적에 친구들과 집 앞에서 자유롭게 놀 수 있었다고 답한 반면, 지금 그렇게 놀 수 있는 아이들은 전체의 21퍼센트밖에 되지 않는다는 연구 결과가 나왔다. 우리나라는 아마 더 심각할 것이다.

내가 어렸을 때는 모든 아이가 방학을 좋아했다. 방학이 되면 "와, 방학이다!" 하며 학교를 뛰쳐나갔다. 방학 때 쓰는 일기는 대부분 '잘 놀았다, 재미있었다'로 끝날 만큼 온종일 놀았다. 생활계획표에 '자유시간'이라고 적어 넣는 것도 참 짜릿했다. 자유시간이라고 해봐야 책을 읽거나 동네 형과 여기저기 돌아다니는 게 전부였지만. 무엇이든 할 수 있는 방학을 싫어하다니, 도대체 이게 무슨 일일까?

남매의 이야기를 듣다 보니 1년 전에 학교 통학과 관련해 서울의 한 초등학교를 방문한 일이 기억났다. 한 교실에서 5학년 아이 몇 명을 인터뷰했는데, 이야기 중간에 한 아이가 자기들은 운동장에서 못 논다고 했다. 이전에 학교 운동장에서 사고(외부인이 학교 운동장에서 난리를 피웠단다)가 난 뒤로 운동장에서 못 놀게 되었다고 했다. 아니나 다를까 창밖을 내다보니 집에 가는 아이들만 있고 운동장에서 노는 아이는 없었다. 옆에서 소현이와 도현이의 이야기를 잠자코 듣고 계시던 선생님도 한 말씀 보태셨다.

"요즘은 학교에서 다칠까봐 복도에서도 놀지 못하게 합니다. 아이들은 노는 걸 좋아하는 게 당연한데, 쉬는 시간에도 교실에만 있어요."

"그럼 애들이 교실에서 뭐 하고 놀아요? 시끄러워서 그게 더 문제일 것 같은데요."

"반마다 다른데 어떤 반은 선생님이 공기놀이만 하라고 해서 조용히 앉아서 죽어라 공기놀이만 해요. 쉬는 시간인데도 친구랑 이야기 좀 하면 시끄럽다고 앉아서 책 보래요. 쉬는 시간에도 못 떠들면 도대체 언제 떠들 수 있는지 모르겠어요."

"그럼 너희들이 놀기 좋다고 느끼는 공간은 어디니?"

"없어요. 놀이터밖에 없어요. 그런데 거의 안 가요."

"아니면 집."

"토요일이나 일요일에 친구들이랑 약속해서 놀진 않아?"

"토요일에는 다 학원에 가고요. 일요일은 반에서 좀 노는 애들 아니면 딱히……."

소현이는 한참을 생각하더니 답답한 듯 말했다.

"생각해보면 중간이 없어요. 학원을 엄청 빡빡하게 다니거나 아예 안 다니거나."

"요즘 관리 좀 한다는 아이들은 스포츠까지 포함해서 학원 중심으로 하루를 보내요. 아까 우리 애들이 '노는 애들'이라고 한 애들은 집에서 돌봐주지 않으니까 어슬렁어슬렁 동네를 돌아다니는 아이들이에요." 옆에 있던 선생님께서 덧붙여서 설명을 해주셨다.

예전과는 정말 많이 달라졌다고 느꼈다. 학교 건물도 교복도 비슷해서 별로 바뀌지 않았을 거라고 생각했는데, 이야기를 들어보니 아니었다.

내가 어릴 땐 학교가 해방구이기도 했다. 놀 시간은 늘 부족했지만 등교 후, 점심시간, 방과 후, 그리고 쉬는 시간까지 어떻게든 짬을 내서 악착같이 놀았다. 하지만 이제는 짬조차 내기가 어려워 보였다. 아니, 놀이는 고사하고 공간과 시간, 친구들까지 잃어버린 것 같았다. 아이들은 학교를 좋은 공간으로 느끼지 못하고 있었다.

우리도 저녁이 없어요

이어서 외국 생활에 대해 물었다. 물론 우리나라와 독일을 단순 비교하는 건 옳지 않다. 특히 어른들이 하는 독일 이야기를 듣고 나면 '우와 대단하다. 우리는 도대체 왜 이런 걸까' 싶어 부러움이 커지고 자괴감이 심해진다. 그래서 아이들에게 나온 솔직한 이야 기를 듣고 싶었다.

"그럼 독일에서는 어땠어? 우리나라랑 많이 달라?"

"한국과 가장 큰 차이가 선생님들이 좀 더 자유롭게 놀게 해주 셨어요."

"2교시 끝나고 밖에서 간식 먹으면서 20~30분은 매일 놀 수 있었어요. 점심 먹고 나서도 30분 정도 놀 수 있었고요. 청소는 안 했어요. 청소하는 아주머니가 계셨거든요."

"거기 동네 놀이터는 어땠어?"

"독일엔 우리나라 같은 동네 놀이터는 없었어요. 대신 집 근처 에 잔디 깔린 공터가 있었어요. 굉장히 넓어서 공놀이할 곳도 많 았어요. 거기서 그냥 뛰어놀고 공 차고 자전거 탔어요."

아이들은 신이 나서 독일에서 즐겁게 놀았던 추억을 이야기했다. 사회적으로 놀이를 장려하는 분위기, 부모들의 노력, 그리고 여유가 느껴졌다.

왜 이런 차이가 생기는 걸까? 아마도 '놀이'에 대한 인식 차이 때문일 것이다. 우리는 정해진 시간에 정해진 공간에서만 놀도록 정해놓고 나머지 시간과 공간은 놀이가 끼어들지 못하게 철저히 분리한다. 그러다 보니 "놀이터 아닌 데서 놀지 마!", "체육 시간 아니면 뛰지 마!"가 된다. 반면 독일은 놀이가 아이들의 삶을 구성하는 중요한 요소로써 일상에 자연스럽게 스며 있는 느낌이다.

이번에는 친구에 대해 물었다. 독일도 한국만큼 학구열이 강하니 독일 아이들도 공부하느라 바빠서 못 놀지도 모르니까.

"아무래도 거기서는 학원을 안 다니니까 밖에 나가면 애들이 되게 많았어요. 오히려 집에 있는 애들이 거의 없었어요."

"운동하고, 공놀이도 하고, 타이어로 만든 그네도 타고, 큰 바스켓에 여러 명이 들어가서 놀기도 했어요. 되게 재미있었어요."

"한국보다 그곳이 더 좋았니?"

"네, 당연하죠." 가슴 아프지만, 설마 해서 던진 질문에 아이들은 단 1초도 주저하지 않고 대답했다.

"저는 여기 와서 놀란 게, 친구들이 다들 꿈이 있긴 있어요. 그런데 정말 원해서 정한 꿈은 아닌 것 같았어요. 의사가 되고 싶다고 한 친구가 있는데 사람을 살리고 싶어서가 아니라 멋있으니까 되고 싶대요. 내 친구도 의사가 꿈인데, 엄마가 집안에 의사 한 명은 있어야 된다고 해서 그렇대요. 그런데 오빠가 공부를 잘하니까 오빠가 의사가 될 거라서 이제 자기는 원래 하고 싶었던 우주 비행사로 꿈을 바꿨대요."

이후에도 우리는 몇 가지 이야기를 더 나눴다. 대부분 한국 아이들이 얼마나 공부를 열심히 하는지에 관해서였다. 도현이는 학습지를 포함해 학원을 열다섯 개나 다닌다는 짝꿍의 무시무시한 무용담을 들려주었다. 소현이의 반 친구 대부분은 방과 후부터 밤열 시까지는 거의 학원에 다닌다고 했다. 밤 열두 시까지는 집에서 학교 숙제를 하는데, 다 못하면 다음 날 수업 시간이나 쉬는 시간에 한다고 했다. 들을수록 마음이 답답해졌다.

그렇게 아이들과의 대화가 마무리되었다. 아이들은 속 시원하게 자기 이야기를 해서인지 처음 만났을 때의 어색함이 사라지고 표정이 밝아져 있었다. 본인들도 답답한 점이 많았나 보다.

우리는 이후 스터디 모임 때 아이들의 이야기를 분석하고 이해하는 시간을 가졌다. 녹취록에 가까운 문서를 놓고 왜 아이들이 이런 말을 하게 됐는지, 어떤 상황인지 이해하려고 노력했다. 물론 두 남매가 약간은 과장해서 이야기했을지도 모르고 다른 아이들은 달리 이야기할 수도 있기 때문에 일반화하기는 어렵겠지만, 나름의 경향성은 발견할 수 있었다. 우리가 여러 기사에서 봤던 아이들의 놀이와 관련된 문제점이 하나하나 담겨 있었다.

스터디 멤버들 사이에서도 의견이 분분했다. 놀이보다 공부를 우선해서 그렇다는 의견도 있었고, 부모들이 경쟁이 심한 한국 사회에서 자기 자녀가 낙오할지도 모른다는 두려움 때문에 소신 있게 자녀를 키우지 못한다는 의견도 있었다. 맞벌이와 야근이 일상인 한국에서 학원 뺑뺑이가 자녀 돌봄을 대신하기 때문이라며 '저녁이 있는 삶'은 아이들에게 더 중요한 문제인 것 같다고 말한 멤버도 있었다. 학교가 안전 문제에 결벽증적으로 대응하다 보니 놀이가 낄 자리가 없어진 것 아니겠냐는 의견도 있었고, 시험 중심의 교육제도가 바뀌지 않으면 답이 없다는 사람도 있었다.

이렇게 다양한 진단 가운데서 다들 공감한 점은 '놀이'가 결코 쉬운 주제가 아니라는 것이었다. 한국 사회 밑바닥에 깔린 여러 난맥이 닿아 있는 것 같았다. 생각보다 더 묵직한 주제를 건드린 게 아닐까 하는 두려움과 설렘으로 가슴이 떨린 건 비단 나만이 아니었다.

놀이터의
비밀

우리나라에는 놀이터가 몇 개나 있을까? 놀이 기구가 설치되어 있어 놀이 시설로 등록된 곳은 전국에 6만 7,000개(국민안전처 기준) 정도 된다. 편의점이 2만 6,000개, 치킨 가게가 3만 6,000개가량 된다고 하니 어쩌면 오늘날 가장 흔한 풍경 중 하나가 놀이터라고 해도 과언이 아니다. 그러나 그에 비해 놀이터에 관심을 기울이는 사람은 많지 않다. 자기 동네에 놀이터가 몇 개나 있는지, 그중 가본 곳은 몇 군데인지 물으면 어린아이를 키우는 부모가 아닌 이상 잘 대답하지 못한다. 스터디 멤버들도 마찬가지였다.

그런데 동네 놀이터에 가장 관심이 많은 이들이 있다. 바로 아이들이다. 당연하게 생각할 수도 있지만, 사실 나는 아이들이 놀이터에 관심이 없는 줄 알았다. 다들 게임과 TV, 학원에만 정신이 팔려 있어서 놀이터는 관심사가 아닐 거라 짐작했다. 하지만 내 생각이 틀렸다.

아이들은 놀이터를 자신에게 가장
'중요한 곳'으로 인식했다.

⋮
⋮

　세이브더칠드런과 서울대 사회복지연구소가 함께 〈한국 아동의 삶의 질에 관한 종합지수 연구〉를 진행하며 전국 아이들을 심층 인터뷰했다. 상당수 아이들이 놀이터를 자신의 생활 반경에서 '중요한 곳'으로 인식하고 있었다. 특히, 지역의 좋고 나쁨을 판단할 때 가장 자주 거론한 장소가 놀이터였다. 마트도 피시방도 아니었다. 아이들에게 놀이터는 동네를 안전하게 느끼고 친구들과 어울릴 수 있는 공터 이상의 의미를 지닌 공간이었다. 그래서 서울대 연구진은 재미있고 안전한 놀이터를 아이들에게 마련해주는 것이 지역에 대한 만족감을 높이고 아이들의 행복에도 좋은 영향을 미칠 수 있다고 밝혔다.

　스터디가 한창일 때 나온 이와 같은 연구 결과를 보고 우리는 아이들에게 놀이터가 얼마나 중요한지 간과했음을 깨달았다. 사실 조금만 생각해보면 우리가 어릴 때 생각한 동네는 내 놀이 구역과 비슷하게 그려졌다. 내 놀이 구역이 곧 우리 동네였다.

　하지만 요즘 아이들에게는 놀이 구역이 없다. 어릴 적 놀던 길은 달리는 자동차에, 골목길은 주차된 자동차에 빼앗긴 아이들에게 그나마 놀라고 주어진 공간이 어디 있을까? 놀이터밖에 없다. 동네에서 '내 구역'이라고 할 수 있는 유일한 공간이니, 놀이터를 중요하게 생각하는 게 당연하다. 《톰 소여의 모험》에서처럼 나무 위 오두막에 비밀 기지를 만들어 나만의 공간을 가져보는 게 어릴 적 소원이었던 사람이라면, 내 공간에 대한 아이들의 간절한 마음에 공감할 수 있을 것이다.

내 놀이 구역이 우리 동네다

우리는 아이들이 놀이터에서 어떻게, 얼마나 잘 노는지 확인해보고 싶었다. 어떤 놀이터가 핫 플레이스이고, 어떤 곳이 그렇지 않은지 알고 싶었다. '놀이'라는 주제에서 좀 더 세부적으로 들어가 아이들이 어떤 놀이터를 좋아하는지 궁금했다.

가장 먼저 달려간 곳은 기관 바로 옆에 있는 대규모 아파트 단지였다. 나름 동네에서 비싼 아파트에 속하는 이곳에는 두 개의 놀이터가 있다. 하나는 물고기를 형상화한 놀이터, 하나는 유아들을 염두에 두고 만든 놀이터다. 오후 여섯 시쯤 도착했을 때 물고기 놀이터에는 아이 열한 명과 어른 일곱 명이 있었다. 평소 점심 식사 후 이곳을 산책할 때는 아이 코빼기도 보기 어려웠는데, 그날은 아이들이 열한 명이나 있어서 스터디 멤버들도 무척 놀랐다.

놀이터는 전체적으로 관리가 잘되어 깔끔했고, 모든 놀이 기구는 목재로 만들어져 있었다. 해외 유명 놀이 기구를 직수입한 것이었다. 놀이터에서 놀고 있는 아이들은 대부분 미취학 아동이고, 많아야 열 살 미만이었다. 아이들은 그네를 타거나 물고기 형상의 조합놀이대를 오르락내리락했다. 놀이터 위치는 아파트 단지 중앙에 가까워 외지지 않았다.

먼저 열 살짜리 아이를 둔 어머니에게 놀이터에 온 이유를 물었다. 어머니는 놀이터가 안전하고 깨끗해서 자주 온다고 했다. 인근 유아용 놀이터에서 아이를 보고 있던 또 다른 어머니에게 물어보니 일주일에 두세 번 정도 퇴근 후에 아이와 함께 오는데 놀기 괜찮아서 온다고 했다. 문제는 아이나 어른이나 그다지 재미있어 하는 것 같지가 않았다. 아이들도 지루해하고, 어른들도(어른들 표정은 항상 그렇지만) 그다지 신나 보이지 않았다.

왜일까 고민하며 지켜보니 한 가지 특징이 있었다. 부모들이 지나치게 적극적으로 놀이에 개입하고 있었다. 마치 코치라도 되는 양 바로 옆에서 놀이를 이끌어나갔다. 미끄럼틀도 태워주고, 그네도 밀어주고, 높은 봉에 올라간 아이의 허리춤도 잡아주었다. 그래서인지 아이들끼리 스스로 논다기보다는 아이가 놀이 기구를 이용하게 부모가 돕는다는 인상을 받았다. 한 번의 관찰로 일반화할 수도 없고, 아이들의 나이나 그날의 몸 상태 등 여러 요인을 따져봐야겠지만, 아이들 스스로 적극적으로 노는 것 같지 않았다.

그때 마침 초등학생으로 보이는 아이 둘이 자전거를 타고 지나갔다. 나는 행여 놓칠세라 후다닥 달려가서 아이들을 붙잡았다. 초등학교 1학년이었다. 평소에는 친구 서너 명이 몰려다니며 한 시간 정도 자전거를 탄다고 했다. 나는 왜 놀이터에서 안 놀고 자전거를 타느냐고 물었다. "우리 아파트 놀이터에는 놀 게 별로 없어요." 그러면서 길 건너에 있는 다른 아파트 놀이터 이야기를 꺼냈다. 의아했다. 이 놀이터 기구가 훨씬 비싸고 관리도 잘되어 있는데 왜 굳이 남의 아파트까지 가서 노는 걸까. 아이들은 '글쎄요' 하는 표정으로 빙긋 웃기만 했다. 가보면 알겠지.

길 건너 아파트에 도착하니 역시 아이들이 많았다. 스무 명이 넘는 아이들이 놀이터와 놀이터 주변 곳곳에서 복작복작 놀고 있었다. 놀이터 구성은 아주 단순했다. 놀이터가 두 개인데, 아파트 단지 중심에 하나, 구석에 하나 있었다. 둘 다 아주 평범한 조합놀이대와 그네, 시소 같은 것으로 이루어져 있는데 단지 중심에 있는 놀이터 옆에는 공터가 있었다. 일반적인 놀이터와 별반 다를 게 없어 보였다. 그래서 대체 왜 아이들이 이 아파트에 몰리는지 이유가 궁금했다.

먼저 아이들의 놀이를 관찰했다. 아이들은 엄청 뛰어다니며 그네도 타고, 빙글빙글 도는 뱅뱅이도 타고, 테니스공으로 캐치볼도

한다. 자전거와 인라인스케이트도 타고, 돌도 옮기고, 곤충을 잡으러 다니는 아이도 있다. 상대적으로 다양한 놀이가 이뤄진다. 떼를 지어 어울리는 아이들도 있다. 전체적으로 몇 개 그룹이 있는데, 각 그룹이 따로 또 같이 논다. 서로 알고 지내는 사이 같다. 크고 작은 실랑이도 있지만, 꼭 함께 놀지 않아도 각각의 그룹이 공간 안에 자연스럽게 녹아드는 느낌이다. 건너편 아파트에서는 보기 어려운 풍경이다. 연령대도 초등학교 저학년 중심으로 건너편 아파트보다 약간 높다.

또 하나의 결정적 차이는 부모들이 놀이 공간에 함께 있기보다 옆에 놓인 벤치와 평상에 모여 아이들의 놀이를 가만히 지켜본다는 점이다. 아이들은 아이들끼리 놀고, 부모들은 부모들끼리 논다. 커피를 가지고 온 분이 다른 어른들과 함께 나누어 마셨다. 좀 더 여유로워 보인다. 물론 아주 어린아이는 부모가 따라다니며 봐주지만, 전체적으로 부모들의 공간과 아이들의 공간이 나뉘어 있다. 한 아주머니에게 물어보니 매일 나온다고 했다. 가깝기도 하고 아이들이 많아서 좋단다. 자신은 다른 아주머니들과 이야기하면서 쉬고, 아이는 친구들과 논다고 했다.

그때 아주머니 한 명이 쟁반에 간식을 담아 와서 아이들을 부르며 하나씩 나눠주었다. 아이들은 자기 이름이 불리면 후다닥 달려와서 받아먹고는 다시 놀이판으로 갔다. 자기 아이만 챙기는 게 아니라 놀고 있는 거의 모든 아이를 챙겼다. 아이들이 자연스럽게 받아먹는 것을 보니 하루 이틀 일은 아닌 듯하다. "우리 애 간식 먹을 시간인데 다른 애들도 있으니 여러 개 가져왔어요. 저만 그런 게 아니라 여기 계신 분들 모두 자주 그래요."

그래서일까. 스터디 멤버들이 입을 모아 이곳은 전체적인 분위기가 아늑하고 따뜻하다고 했다. 아이들끼리 어울리며 신나게 놀아서인지, 어머니들 표정이 밝아서인지, 아니면 단지 중앙의 넓은 공간에 놀이 기구와 공터가 있어서인지 정확한 이유는 알 수 없었다.

그때 갑자기 고함이 들렸다. 40대로 보이는 아저씨가 테니스공으로 캐치볼을 하던 아이들에게 동네가 떠나가라 소리를 질렀다. 아이들은 주눅이 들어 어깨가 쪼그라들 것 같았다. 캐치볼을 하다가 공이 아파트 벽을 몇 번 친 모양이다. 아저씨는 왜 유리창 깨지게 공을 아파트 벽에 던지느냐, 시끄럽다, 야구는 운동장에서 해야지 왜 길에서 하느냐며 고래고래 소리를 질렀다. 우리는 멀찍이 서서 상황을 지켜보았다. 아저씨는 한참 분풀이를 하더니 들어갔고, 아이들은 울상이 되어 흩어졌다. 슬프게도 아저씨가 가리킨 곳 주변으로는 다른 아이들도 얼씬하지 않았다. 그렇게 우리 눈앞에서 놀이 공간이 줄어들었다.

마지막으로 우리는 조금 떨어져 있는 또 다른 아파트 단지 놀이터로 향했다. 분명 경비실 아저씨가 가라는 길로 올라왔는데 걷다 보니 다른 출구로 나왔다. 결국 다시 들어가서 조금 헤맨 끝에 놀

아이들에게 놀이터는
'자유를 만끽하는 터'다.

⋮

이터를 찾았다. 눈에 잘 띄지 않는 구석에 있어서 마치 숨겨진 비밀 공간 같았다. 특이하게도 놀이터 바로 옆에 족히 수백 년은 되어 보이는 거대한 보호수가 한 그루 있고, 그 옆에 흙장난을 할 수 있는 장소와 도랑이 하나 있었다. 또한 사람들의 시선을 막아주는 높고 낮은 벽이 군데군데 놀이터를 빙 두르고 있어서 밖에서는 좀 답답해 보여도 안에 들어가니 아늑하고 안정감이 느껴졌다.

아이들 열다섯 명이 열심히 뜀박질을 한다. 지금까지 본 다른 놀이터 아이들보다 움직임이 경쾌하다. 술래잡기를 하는 초등학교 고학년들이다. 남녀가 섞여 조합놀이대를 오르락내리락하고 높은 벽으로 올라갔다가 뛰어내리기도 한다.

한쪽 구석에서는 여자아이 몇 명이 한창 수다꽃을 피운다. 놀이터에서 노는 아이들 중에서 가장 신나 보이는 아이에게 말을 걸었다. 초등학교 3학년 남학생으로 이 벽에서 저 벽으로 공중강습을 하고 있었다. 놀이터에 매일 온다고 했다. 학원 끝나고 한 시간가량 노는데 같이 노는 친구가 서너 명 있단다. 매일 오는 이유를 묻자 술래잡기하기에도 좋고 벽을 타고 올라가서 뛰어내리면 무척 재미있단다.

어른이라고는 어린 딸의 그네를 밀어주는 아버지 한 명이 전부다. 어른은 자기뿐이라서 그런지 말을 걸자 무척 쑥스러워한다. 일주일에 두세 번 정도 나오는데, 퇴근하고 아이와 30분에서 한 시간가량 놀아준단다. 집 앞이라 오는 것뿐이라면서 애들이 많이 온다고 했다. 시끄럽기도 하고 가끔 위험하게 놀기도 하는데, 자기 어렸을 때는 더했다며 "어쩌겠어요. 애들인데"라고 한다.

왜 이런 곳에 놀이터를 지었을까?

어느새 날이 저물었다. 우리는 회사로 돌아오면서 각자 발견한 점을 이야기했다. 놀이터는 위치가 정말 중요하다는 점에 모두 동의했다. 아이들이 많이 찾는 놀이터는 아파트 단지 중심부에 있었다. 부모들이 안심하고 내보낼 수 있는 위치였다.

스터디 이후에 서울시에서 공원 업무를 담당했던 사람을 인터뷰할 기회가 있었다. 그에 따르면, 요즘 놀이터 중에는 아주 형편없는 곳이 많단다. 양지바르고 터 좋은 곳은 상가나 어른들을 위한 공간으로 주고, 외지고 어두운 구석에 놀이 기구 몇 개 갖다놓고 놀이터라며 방치해놓는 경우가 많다고 했다. 대규모 택지개발을 할 때도 놀이터 설치가 의무 사항이라 만들긴 하는데 다른 것

비싸고 고급스러운
수입 놀이 기구가 있다고
아이들이 잘 놀지는 않는다.

⋮

들로 공간을 다 채운 뒤 자투리땅에 만든다고 했다. 그래서 대체 왜 여기인가 싶은 곳에 뜬금없이 놀이터가 생긴다고 했다. 누가 그런 곳에 자기 아이를 보내겠냐며 어른들은 반성해야 한다고 이야기했다.

　다음으로 놀이터에서 아이들끼리 자유롭게 노는 경우에 만족도가 더 높아 보였다. 아무래도 어른들은 아이들을 가르치려 하고 행여 다칠까 이런저런 제약을 가하게 마련이다. 그래서인지 어른들이 놀이에 개입하면 아이들이 심드렁해하는 경우가 많았다.

　스터디 멤버들은 2014년 2월 25일자 경향신문 기사인 '놀이는 아이에게 자유, 부모에겐 즐거움'에 제시된 설문조사를 언급하며, 아주 어리지만 않다면 또래끼리 놀 수 있게 옆에서 지켜보는 게 옳다고 입을 모았다. 아이들과 어른들에게 놀이를 무엇이라고 생각하는지 물어본 결과, 어른들은 '즐거움'이라고 답한 경우가 제일 많은 반면, 아이들은 '자유'라고 답한 경우가 제일 많았다. 아이들에 따르면 놀이터는 '자유를 만끽하는 터'다.

마지막으로 놀이 기구가 전부가 아니라는 점에 모두 동의했다. 외국에서 들여온 비싸고 고급스러운 놀이 기구가 있다고 아이들이 잘 노는 것이 아니었다. 전체적인 분위기, 함께 놀 친구들, 주변 어른들, 놀이 기구의 배치, 뛰어놀 공간과 주변 환경과의 조화까지 생각하는 등 아이들은 보기보다 까다로웠다. 아무리 좋은 기구를 가져다놓아도 그것만으로는 안 된다. 결국 놀이터를 만드는 일은 다양한 아이들의 욕구와 특성, 주변 환경과 주민들까지 함께 고려해야 하는 일이라는 생각이 들었다.

스터디 멤버들은 "이러다가 우리 놀이터 회사 차리는 거 아니냐"며 웃었다. 놀이터를 다니다 보니 "여긴 이런 곳이구나. 이런 아이들이 좋아하겠고, 이런 문제가 있겠구나" 하는 점이 보인다는 얘기였다.

그때는 몰랐다. 놀이터 회사를 차리진 않아도 놀이터에 꽂혀서 1년을 보내게 될 줄은.

이런 부모
또 없을까?

조금만 움직여도 땀이 줄줄 흐르는 7월이었다. 스터디를 시작하고 몇 달이 지났는데도, 어떻게 하면 아이들이 잘 놀 수 있을지 명쾌한 답을 찾지 못한 채 생각만 많아졌다. 대한민국에 잘 노는 아이들이 남아 있나 싶을 정도로 암담해질 때도 있었다. 그럴 때마다 제대로 노는 아이들을 만나고 싶었다. 잘 노는 아이들을 만나면 그 아이들은 어떻게 잘 놀 수 있는지, 어떤 환경이기에 그럴 수 있는지 확인할 수 있지 않을까. 하지만 사진이 그럴듯해서 찾아가면 빛 좋은 개살구인 곳이 많았다.

그러다 문득 서울시 마을 공동체 종합지원센터에서 개최한 놀이 모임에 발표자로 나왔던 산별아 놀이터 오명화 씨가 생각났다. "아이들이 진짜 잘 노는 것 같아요. 어른들이 함께 있으면 방해가 된다고 하던데, 산별아 놀이터에서 노는 아이들은 좀 다르네요. 나중에 궁금하면 한번 찾아가도 될까요?" 내가 이렇게 물었을 때 언제든지 오라며 밝게 웃던 얼굴이 기억났다.

연락을 취하자 흔쾌히 오라고 해서 스터디 멤버들과 함께 방문하기로 했다. 아이들이 제대로 노는 놀이터라고 하니, 출발하기 전부터 마음이 들떴다.

세상의 온갖 소리, 아이들이 노는 소리

동작구 빌라촌 좁은 길을 헉헉대며 올라가는데 어디선가 시끌시끌한 소리가 들려왔다. 빽빽 우기는 소리, 왁자지껄 웃는 소리, 엄마 찾는 소리, 세상의 온갖 아이 소리가 다 들리는 것 같았다. 이내 산별아 놀이터가 눈앞에 펼쳐졌다. 어디에 발을 디뎌야 할지 모를 만큼 아이들로 빼곡했다. 놀이 시설은 다른 곳과 다를 바 없는 평범한 놀이터였다. 하지만 20~30명 정도 되는 아이들이 놀이터 여기저기서 정신없이 놀고 있었다. 요즘 동네 놀이터는 엄마가 데리고 오는 유아들이 대부분인데, 이곳은 유아부터 꽤 덩치가 있는 초등학교 고학년까지 연령대도 다양했다. 어머니들과 동네 주민들도 벤치에 앉아 두런두런 얘기를 주고받았다.

8자 놀이, 비석 치기, 그네 타기, 줄넘기, 자전거 타기, 단체 줄넘기, 소리 지르며 뛰어다니기, 휘휘 걸어다니기 등 아이들은 자신의 나이와 관심사에 맞게 여기저기서 자유롭게 놀았다. 어릴 적 동네 방네 뛰어다니던 기억이 새삼 떠올랐다. 우리 동네에는 놀이를 하기 좋은 공간이 따로 있었다. 8자 놀이는 뒷산 너른 땅에서 많이 했고, 비석 치기는 돌이 많던 철용이 형네 앞길에서, 땅따먹기는 은성빌라 공터에서 했다. 어릴 적 공간을 축소해놓은 것 같은 산별아 놀이터에는 놀이 기구가 많아서 장소는 비좁았지만, 아이들은 이곳저곳에서 자기들의 놀이를 만들어내고 있었다.

나와 스터디 멤버들도 아이들 틈에 껴서 같이 놀기 시작했다. 나는 8자 놀이를 하는 무리에 들어갔다. 오자마자 술래를 하란다. 내가 이쪽저쪽 큰 걸음으로 후다닥 뛰어갈 때마다 아이들은 "꺅꺅" 소리를 내며 뛰어다녔다. 원래는 한 명만 잡으면 술래가 바뀌는데, 아이들은 내가 어른이니까 다른 사람을 모두 잡을 때까지 술래를 하라고 우긴다. 그렇게 10여 분간 땀을 빼고 한숨 돌리려는데, 저쪽에서 왁자지껄한 소리가 들렸다. 아이들의 시선이 일시에 그쪽으로 쏠렸다.

저만치에서 비석 치기가 한창이다. 편이 잘 짜였는지 긴장감마저 감돈다. 아이들은 손을 꼭 쥐었다. "으으!" 밭은 소리도 이따금 새어나왔다. 스터디 멤버들도 돌을 칠 때마다 사력을 다했다. 발끝이 미세하게 떨리고 옆에서 지켜보던 아이 하나는 긴장감을 이기지 못해 깽깽이를 두 번 뛰었다. "잠깐! 천천히 해." 같은 편 친구들의 말에 마지막 주자가 잠시 숨을 고른다. 멈춘 발목까지 떨리는 가 싶더니 발끝이 조금씩 올라간다. 딱. "와아!" 결국 한 팀의 승리로 게임은 끝이 났다. 순식간에 비석 치기 판에 긴장이 풀리고, 또 다른 놀이가 이어진다.

너무너무 놀고 싶어요

아이들은 시시각각 놀이를 찾아다니고 만들었다. 주변에 어른들이 많았지만, 아이들은 늘 그래왔다는 듯이 스스로 자신이 가장 좋아하는 놀이를 찾아다니며 놀이를 즐겼다. 어른들은 평상에 앉아 아이들의 놀이를 지켜보며 어른들끼리 시간을 보냈다.

최재훈 씨가 그중에서 가장 돋보였다. 놀이터에서 중년 남성을 찾아보기 어려운 게 사실인데 아이들은 최재훈 씨를 무척 따랐다. 그는 아이들끼리 잘 놀 때는 멀찍이 서서 지켜보고, 놀이를 시작할 때는 함께 놀며 분위기를 돋웠다. 아이들도 그런 모습이 이미 익숙한지 어색해하지 않고 오히려 같이 노는 느낌이었다. 오명화 씨는 좀 더 적극적이었다. 아이들에게 이런저런 제안을 하며 놀이를 잘 할 수 있게 도왔다. 오명화 씨가 "이번에는 이렇게 한번 해볼까?" 하고 제안하면 아이들 나름대로 약간씩 응용하며 놀았다.

잠시 후 몇몇 아이가 다른 놀이를 하고 싶다며 오명화 씨를 찾아왔다. 나 같으면 "그래? 그럼 이제 다른 놀이 해볼까? 얘들아, 이리 모여봐"라고 크게 외쳐서 아이들을 모았을 텐데, 오명화 씨는 예상치 못한 대답을 했다. "그래? 그럼 네가 함께 놀 친구를 찾아올래?" 작은 차이였지만 평소 놀이터에서 아이들과 어떻게 지내는지 짐작할 수 있었다. 아이들은 내심 실망한 모습이었지만 이런 과정도 즐기는 것 같았다. 금세 "우리 이거 할래?" 하고 이리저리 뛰어다니며 함께 놀 친구를 찾았다.

그렇게 한바탕 아이들과의 놀이가 끝난 후, 우리는 오명화 씨와 저녁을 함께 먹고 집에 가서 이야기를 좀 더 듣기로 했다.

오명화 씨가 손수 모은 책자와 신문 스크랩 자료, 놀이터 사진을 들고 왔다. 오명화 씨는 요즘 아이들의 놀이 실태에 관해 먼저 이야기했다.

"작년에 경향신문에서 '놀이가 밥이다'라는 기사를 봤어요. 초등학교 2학년의 75퍼센트가 하루 한 시간도 자기 시간이 없다는 내용인데, 우리 아인이가 3학년으로 올라갈 때였거든요. 저희 딸은 학교가 끝나자마자 밤에 잘 때까지 노는데도 더 놀고 싶어 해요. 다른 아이들도 마찬가지겠죠. 놀고 싶은 마음이 주체가 안 되는 시기인데, 얼마나 놀고 싶겠어요."

오명화 씨는 이런 상황이 말이 안 되는 것 같다며, 더 안타까운 건 놀이 관련 활동을 하는 사람들 외에는 이 문제를 별로 심각하

'쟤는 왜 이렇게 규칙을 안 지키지?'
알고 보니 외동이라
규칙을 경험한 적이 없더라고요.

⋮

게 여기지 않는다는 점이라고 덧붙였다.

　"어제 아인이가 친구 여섯 명을 데리고 와서 함께 초콜릿을 만들었어요. 아이들끼리 얘길 하는데, 부모님이 너무 바쁘다는 거예요. 두 분 다 맞벌이를 하시고, 아빠들은 거의 놀아준 적이 없다. 초콜릿을 만들면서 그런 이야기를 하더라고요. 너무 놀랐어요. 아이들을 방치하고 있구나, 학원으로만 돌리고 있구나. 그런 느낌을 많이 받았어요."

　최재훈 씨도 산별아 놀이터에서 하는 활동이 부모들의 가치관 변화와 맞물리지 않으면 큰 소용이 없을 것 같다고 했다.

　"아이를 학원에 보내는 이유는 불안감 때문인 것 같아요. 노는 게 좋다는 점을 모르지 않고 놀이 연구가 부족한 것도 아닌데, 결국은 가치관의 문제인 것 같아요. 그런 부분을 고쳐나가야 변화를 기대할 수 있지 않을까요."

　우리는 옆에서 듣고 있던 아인이에게 친구들이 왜 산별아 놀이터에서 노는지 물었다. 아인이는 천진난만하게 정답을 말했다. "재미있으니까요!"

이번에는 산별아 놀이터에서 놀면서 달라진 친구들이 있는지 물었다. 아이의 관점에서 놀이터의 좋은 점에 대해 듣고 싶었다. "완전히 바뀌었어요. 옛날에는 어떻게 놀지 몰라서 잘 못 놀았는데 언니 오빠들하고도 잘 놀아요. 옛날에는 이름도 잘 몰랐는데 지금은 많이 알고요. 더 친해지고, 어디 가다가 길에서 만나면 인사도 하고 더 친해졌어요."

오명화 씨가 말을 이었다. "예전에 줄넘기를 하는데 어떤 여자아이가 게임에서 졌는데도 계속하려고 하는 거예요. 그 아이를 잘 몰랐을 때는 '쟤는 왜 이렇게 규칙을 안 지키지?' 싶어 이상하게 생각했어요. 그러다 지난주에 1박 2일 산별아 엠티를 다녀왔어요. 알고 보니 이 아이가 외동이라 가족과 친척들이 아이 요구를 다 들어준 거예요. 규칙을 경험해본 적이 별로 없었던 거죠. 그래서 '지금은 안 돼. 기다렸다가 해' 해도 안 듣고 화내고. 사정을 알고 나니 '이 아이가 힘들구나' 알게 됐어요.

그런데 아이와 친해지고 이야기를 나누다보니 점점 달라지더라고요. 아까 준환이 기억나죠? 그 아이도 비슷했어요. 얘가 올해 들어 참 많이 바뀌어서 깜짝 놀랐어요. 규칙 안 지키고 떼쓰고 비석치기 하다가 자기가 못 맞히면 화가 나서 난리치던 녀석인데 올해 보니까 쑥 컸더라고요. 확실히 어울려 놀면 그런 부분을 배우는 것 같아요. 참기도 하고. 주변에서 형, 누나들이 꿀밤을 주거나 '한 번만 양보해' 하면서 살살 달래기도 하고. 그러면서 자라죠."

일상이 되어야 오래 할 수 있다

산별아 같은 놀이터가 많아지면 좋겠다는 생각이 들었다. 하지만 산별아 놀이터도 오명화 씨와 최재훈 씨가 든든히 지켜주고 있기 때문에 잘되는 것은 아닐까 싶었다. 사실 다른 주민들은 아이들이 노는 모습을 평상에 앉아 지켜볼 뿐이었다. 마치 인기 선수의 실력을 감상하는 사람들처럼.

"산별아 놀이터에서 두 분의 역할은 뭔가요?"

"아빠는 놀아주는 사람이에요." 아인이의 대답에 최재훈 씨가 웃으며 말했다.

"그림자처럼 있는 게 아닐까요. 너무 개입해서 아이들이 주도권을 잃으면 안 되니까요. 있는 듯 없는 듯. 또 아이들이 노는 법을 알아야 다음 세대에 전수가 되잖아요. 그게 고민이에요. 우리가 놀이터에 없어도 아이들이 잘 놀아야죠. 우리가 빠진 뒤 원점으로 돌아간다면 우리가 잘못한 거라고 생각해요."

"남편 이야기는 우리가 지향하는 바예요. 그런데 우리는 몸에 밴 습성이 있잖아요. 가르치려 하고 이끌려 하고. 그래서 그게 잘 안 돼요. 옆에서 남편이 계속 이야기해주죠.

사실 옛날에는 더 심했어요. 놀이터 활동을 하던 초기에 새로운 아이가 오면 아인이가 그 친구에게 놀이를 가르쳐주고 우리를 대신해서 같이 놀아주었으면 했어요. 그런데 얘는 같이 놀 생각은 안 하고 주변으로만 돌아요. 그러면 막 혼냈어요, "야, 와서 같이 놀아!" 하면서요.

그런데 어느 날 '내가 지금 뭘 하고 있는 거지?' 하는 생각이 들었어요. 아이들이 잘 놀아야 한다는 생각 때문에 애를 잡는구나. 새로운 놀이를 한다거나 흥미 있을 때, 처음에는 따로 놀다가도 나중에 다 같이 놀 수 있는데 기다려주지 못한 거예요. 마치 우리 아이가 나와 똑같이 생각하고 행동하면 좋겠는 거죠. 우리 애도 이제 고작 3학년인데 내 딸이란 이유로 다그치고. 그런데 애들은 다그친다고 되지 않잖아요. 닦달하는 엄마를 피해 자기 멋대로 놀더라고요."

"저는 이걸 일로 하는 게 아니에요. 우리 딸하고 놀러 가는 거지. 이제는 일상이지만요. 어떤 프로그램이나 봉사를 하는 게 아니라 우리 일상의 중요한 일부예요. 아이러니하지만 일상이 되지 않으면 오래 유지할 수 없어요.

우리도 딸이 크면 놀이터를 떠나겠죠. 그게 자연스러운 현상이고요. 여러분이 스터디 모임으로 놀이를 공부하는 것도 중요하지만, 놀이가 일상이 되는 것이 기본이라고 생각해요. 저는 저를 위해서 놀이터에 나가요. 딸을 위해서가 아니라 제가 좋아서 나가는 거죠.

집사람은 마을 공동체니 뭐니 하는데 저는 거기에는 별로 관심 없어요. 어른들이 빠져야 된다고도 하는데, 저는 그렇게 생각하지 않아요. 모든 어른이 다 불필요하다고 생각하지 않아요. 진짜 노는 어른은 괜찮아요. 그런데 노는 어른을 누가 알아보느냐, 아이들이 알아봐요. 그런 어른들하고는 같이 놀고 싶어 해요. 그건 아이들이 결정하는 거죠."

우리는 그날 시간 가는 줄 모르고 이야기를 나누었다.

이런 부부가 한 쌍만 더 있다면

세상 모든 놀이터가 산별아같이 동네 아이들의 집합소가 되면 어떨까. 아이들이 맘껏 놀 수 있고, 어른들이 아이들의 놀이를 지켜보고 독려할 수 있다면, 더 나아가 함께 놀 수 있다면 얼마나 좋을까. 오명화 씨와 최재훈 씨가 있어서 참 다행이라는 생각이 들었다. 대한민국의 수많은 놀이터에 이런 부부가 한 쌍씩만 있다면 참 좋을 텐데 하는 아쉬움이 진했다.

이 부부는 특별한 이유 때문이 아니라 자기 아이의 놀이를 지키기 위해 놀이터에 나왔다. 우리 아이의 놀이를 지켜줘야 한다는 생각은 굴뚝같지만, 이런저런 이유로 나오지 못한 사람들은 또 얼마나 많을까? 나도 그렇고, 스터디 멤버들도 마찬가지다. 그렇다면 못할 일이 무언가? 이제부터라도 아이들의 놀이를 지키고 독려하고픈 열정이 있는 사람들을 찾아내면 되지 않을까?

우리가 찾던 놀이터가 여기 있었다.

요즘 애들이 놀이터에서 노나요?

"아파트에 어린이 놀이터 안 지어도 된다? 이건 뭐지?"

UNCRC31 스터디가 중반을 넘어가던 7월 한여름, 인터넷 포털 기사를 검색하던 중 난데없는 기사에 마우스를 멈췄다. 내용인즉 지금까지는 150세대 이상의 아파트를 지을 때 어린이 놀이터를 반드시 설치해야 했는데, 국토교통부에서 이것이 시대에 맞지 않는 불합리한 규제라며 없애려고 한다는 것이었다. 요즘 아이들은 놀이터에서 잘 놀지 않아 이용률이 낮을 것으로 예상되기 때문에 법을 바꿔서 아파트 건설업체가 원하는 시설을 지을 수 있게 해주자는 내용이었다.

분노가 치밀었다. 놀이터에서 아이들이 놀지 않으면 어떻게 아이들이 잘 노는 곳으로 만들지 고민해야 하는데, 사용률이 낮으니 일단 없애고 보자는 사고방식에 화가 났다. 또한, 국회의 승인이 없어도 국토교통부 차원에서 손댈 수 있는 시행령인 '주택건설 기준 등에 관한 규정'에 예외 조항을 둠으로써 상위 법령에서 규정한 아이들의 놀 권리를 무력화하려고 한 점 때문에도 화가 났다.

바로 팀장에게 달려가서 "이거 문제가 있는데요"라며 자료를 건넸다. 취미와 관심에서 시작한 놀이터 관련 첫 번째 활동은 그렇게 시작되었다.

하지만 국토교통부의 관점은 내 생각과 달랐다. "요즘 애들이 놀이터에서 노나요? 놀지도 않고 버려진 땅, 그냥 남겨두느니 사람들에게 돌려주는 게 낫지요. 그럼 놀이터가 필요한 곳에서는 놀이터를 만들 것이고, 그렇지 않은 곳에서는 주차장을 만들거나 다른 용도로 활용하겠죠."

국토교통부 담당자의 여유 있는 목소리에 하마터면 넘어갈 뻔했다. 나도 모르게 "네, 네" 하다 "아, 그렇군요. 좋은 정책이네요" 하고 통화를 끝낼 뻔했다. 사실 틀린 말은 아니다. 하지만 만약 이렇게 법이 개정됐다면 어떻게 되었을까 생각하면 아찔하다.

놀이터 설치를 시업지 뜻대로?

전화를 끊고 가장 먼저 한 일은 문제가 정확히 무엇인지 살펴보는 것이었다. 처음에는 감정적으로 기사를 훑어보았다면, 이번에는 기사와 댓글을 천천히 확인하고, 국토교통부 홈페이지에 올라

"요즘 애들이 놀이터에서 노나요?
놀지도 않고 버려진 땅, 그냥 남겨두느니
사람들에게 돌려주는 게 낫지요."
⋮

온 개정안 원본을 읽으면서 무엇이 진짜 문제인지 찾아보았다. 법에 문외한인 데다 주택 건설이라는 낯선 분야의 법안들이라 더 꼼꼼히 들여다볼 수밖에 없었다.

법은 참 불친절하다. 주요 내용은 이 법이 아니라 다른 법을 따르는 경우가 많아서 국토교통부에서 바꾸려고 하는 법안만이 아니라 연계된 법안까지 확인해야 했다. 법률 용어 중 이해가 안 되는 단어가 있으면 각종 사전을 뒤져 마치 외국 자료를 해석하듯 법안을 읽었다. 그 와중에 내 생각이 맞는지 각 지자체에 확인도 해야 했다. 온종일 이 법, 저 법을 살피며 증거를 모았다.

그런데 막상 자료를 검토해보니 내가 생각한 것보다 훨씬 교묘하다는 생각이 들었다. 예를 들어 'A'라는 아파트 사업자가 놀이터를 안 짓는 대신 헬스장 면적을 늘리겠다고 하면 그 내용을 입주자 모집 공고에 넣기만 하면 된다. 주민 공동시설 면적을 채우기 때문에 문제가 없다. 그럼 아파트에 놀이터가 필요하다고 생각하는 사람이라도 아파트에 입주하고 싶으면 이런 현실을 그냥 받아

69

들여야 한다. 아니면 자기와 뜻이 같은 입주 예정자 5분의 4를 모아야 놀이터 설치를 요청할 수 있다.

　하지만 어떤 입주자가 놀이터가 있는지 없는지 여부로 분양을 결정하겠는가. 대부분이 아쉬워도 사업자의 계획을 그냥 받아들일 가능성이 크다. 그렇지 않으면 입주 예정자 5분의 4를 모아야 하는데, 한 개인이 일면식도 없이 전국 각지에 흩어져 있는 사람들을 어떻게 모을 수 있겠는가. 결국 사업자가 자기 마음대로 하면 입주자는 받아들여야 하고, "맘에 안 들면 다른 아파트를 사세요" 소리를 들어야 한다.

　대부분의 사업자가 놀이터같이 비싸고 안전 문제가 부담스럽고 관리하기 어려운 시설보다는 상대적으로 조성비가 적게 들고 관리가 까다롭지 않은 시설을 선호한다. 그러니 놀이터 설치를 전적으로 사업자의 자율에 맡긴다는 것은 위험한 발상이다. 분명 언론을 통해 공개한 취지는 아파트 공동시설 설치 및 활용을 주민들자율에 맡긴다는 것이었는데, 실상을 들여다보면 결국 사업자가 하고 싶은 대로 할 수 있게 규제를 풀어주는 것이었다. 실제 주민들의 수요가 반영될 여지가 거의 없는 개정안이었다.

아이들에게 놀이터는 공터 이상의 장소

막상 문제점을 정리하려니 혼자서는 한계가 있었다. 그래서 지금까지 정리한 내용을 가지고 스터디 멤버들에게 의견을 구했다.

"이거 분명 문제이긴 한데 정부를 설득할 수 있겠어요? 사업자들이 꽤나 로비를 한 것 같은데 이렇게 조용히 있다간 조용히 통과되겠어요."

스터디 멤버들 모두 문제의식에는 공감했다. 다만 정부와 사업자가 벼르던 개정안 같은데 설득할 수 있을지 우려했다. 법 개정에 반대하는 것이니 법적으로 접근해야 하지 않겠느냐는 의견도 있었다. 요즘 아이들이 놀이터를 이용하지 않는다는 편견 또는 사실에 기반을 둔 주장이니, 그 생각을 깨지 않으면 나중에 계속 이야기가 나올 것 같다는 의견도 있었다.

마침 당시 스터디 멤버 중에 사법연수원 과정 중 우리 기관으로 변호사 실무 수습을 와 있던 이향재 변호사가 법률적으로 도움을 많이 주었다. 이 변호사는 법적 체계와 논리 안에서 왜 이 법을 개정하는 것이 문제가 되는지 일목요연하게 짚어주었다.

사실 아이들의 놀 권리는 '아동복지법'이, 놀이터 조성은 '주택법'이 규정하고 있는 아이들의 정당한 권리다. 그런데 국토교통부가 이보다 한 단계 낮은 시행령에 예외 조항을 하나 만들어 의무적으로 놀이터를 만들지 않아도 되게 하는 것은 민의를 대표하는

아이들은 놀이터를 중심으로
자기 동네를 판단한다.

⋮
⋮

국회에서 통과된 법안을 무력화하는 것이다. 시행령은 철저히 모
법의 취지에 맞게 행정부가 세부 내용을 정하는 것이지, 예외 조
항을 넣어 원래 법의 취지를 왜곡하거나 무력화시켜서는 안 된다.
특히 국토교통부가 시민사회의 의견을 충분히 듣는 과정 없이 언
론에 기사를 내고 며칠간 의견을 받는 걸로 '우리 할 일은 다 했다'
하는 방식이 얄미웠다.

　제법 자료가 모이자 입장을 정리하고 근거를 찾기 시작했다. 의
견은 명쾌했다. 놀이터를 짓지 않아도 된다는 예외 조항을 새로
만드는 것에 반대한다. 이를 뒷받침하는 근거로 가장 먼저 떠오른
것이 세이브더칠드런과 서울대 사회복지연구소에서 진행한 〈한국
아동의 삶의 질에 관한 종합지수 연구〉였다. 이 연구에 따르면 지
역사회에는 아이들이 놀 수 있는 공간인 놀이터가 필요하고 많은
아이들에게 놀이터는 공터 이상의 의미를 가진다. 또한 놀이터를
안전하게 놀 수 있는 곳으로 인식하는 아이들은 지역사회에 대한
만족도가 높은 반면, 그렇지 않은 아이들은 지역사회에 대한 만족
도가 낮았다.

아이들은 놀이터를 중심으로 자기가 사는 동네를 판단할 정도로 놀이터를 중요하게 생각한다. 그런데 아이들의 의견은 묻지도 않고 어른들의 이익만 생각해 놀이터를 없애려고 하다니, 안 될 일이다.

국토교통부의 법 개정을 막아라

한편, 국토교통부 담당자나 네티즌들이 자기 동네 놀이터를 거론하며 "요즘 애들이 놀이터에서 노나요?"라고 묻는 경우에는 설득하기가 쉽지 않다. 경험에 기반을 둔 주장이기 때문이다. 따라서 놀이터 이용도가 낮으니 어쩔 수 없다는 편견을 깰 근거가 필요했다. 마침 국토교통부에서 2010년에 (사)한국주거학회에 의뢰해 작성한 '커뮤니티 활성화를 위한 주택건설 기준 개선'에서 몇 가지 근거를 찾을 수 있었다(고마워요 국토교통부).

자료에 따르면 현재 아파트에 살고 있는 주민들은 여러 시설 중 놀이터를 가장 많이 이용하고 있고 피트니스 센터나 북카페가 뒤를 이었다. 커뮤니티 활성화를 위해 사용하고 있는 시설이 무엇인지 묻는 질문에도 놀이터라고 답한 사람이 40퍼센트에 달했다. 전문가 대상 소그룹 워크숍에서도 현재 아파트 시설 중 놀이터가 공동체 활성화에 가장 많이 기여한다고 평가했다.

물론 많은 놀이터가 방치되어 있다는 것은 잘 알고 있다. 하지만 아파트 단지 중 볕이 잘 들고 부모들이 아이들을 안심하고 보낼 수 있는 땅에는 상가같이 돈 되는 건물을 짓고, 놀이터는 어두침침하고 으슥한 땅에 지어놓고선 아이들이 안 가니 없애자고 하는 것은 아닌지 생각해보아야 한다.

　"네, 의견은 게시판에 남겨주세요. 비슷한 의견이 하루에도 몇 건씩 들어와요. 자세히 읽을지는 모르겠는데 일단 보내세요. 공문으로 보내셔도 좋은데 어차피 똑같아요. 그냥 보내세요."
　"네, 알겠습니다. 꼭 좀 읽어주세요."
　문제점을 조사하고 근거 자료를 수집해서 세이브더칠드런의 의견서를 작성했다. 하지만 싸울 의지를 전혀 보이지 않는 사람과는 애초에 싸움이 되지 않는다. 그냥 두면 읽지도 않을 의견서를 메일함에 하나 추가하는 것으로 끝이다.
　어떻게 해야 우리 의견에 주의를 기울기에 할지 궁리했다. 뜻이 맞는 시민 단체와 힘을 합쳐 목소리를 키워야 할까? 놀이터 문제에 관심이 있는 기자에게 자료를 제공해서 언론을 통해 경각심을 불러일으키는 게 나을까? 아니면 국토교통부를 찾아가서 피켓을 들고 1인 시위라도 해야 하나? 하지만 그것보다 훨씬 간단한 답이 있었다. 행정부를 움직일 수 있는 국회의 힘을 빌리는 것이다.

하지만 국회의원은 일개 NGO 직원의 의견에 특별히 관심을 기울이지 않는다. 특히 돈 안 되고(이번 건은 돈을 버는 데 오히려 방해가 될 수 있었다) 투표권도 없는 아이들에 관한 이야기라면 더욱 그렇다. 하다못해 이미지 관리에 도움 될 만한 요소라도 있어야 하는데, 이번 건은 언론에서도 그리 관심을 보이지 않는 주제인 데다 일부 시민들도 놀이터 무용론에 동조하는 분위기라서 무작정 홍보 활동을 펼 수도 없는 노릇이었다. 무작정 이 의원 저 의원에게 연락한다고 될 일이 아니었다.

그렇다면 단 한 명이라도 우리와 뜻을 함께할 의원을 찾아서 적극적으로 설득하는 편이 낫다. 상임위 중심으로 돌아가는 현 국회 구조에서는 국토교통위원회 소속 의원 중에서 우리와 뜻을 함께할 의원을 찾아야 했다. 그러려면 보좌관에게 접촉하는 것이 먼저였다.

국회를 움직여 거둔 첫 번째 작은 승리

국토교통위원회 소속 의원들 명단을 살펴보았다. 마침 2013년 농어촌 통학환경 개선 활동 당시 교육위원회 위원이었던 김윤덕 전 의원의 도움을 받았던 일이 떠올랐다(당시 농어촌 통학환경 개선을 위해 우리와 협업한 사람은 김춘진 전 보건복지위원장의 정책보좌관이었던 유경선 보좌관이지만, 김윤덕 의원실 보좌관하고도 함께 일한 경험이 있었다). 당시에도 김윤덕 의원을 실제로 만나보지는 못했지만, 보좌관과 함께 일했고 마지막에 김 의원이 교육부와 교육감들에게 강력하게 질의해준 덕분에 좋은 결과를 낼 수 있었다. 사회적 관심이 덜했던 농어촌 통학환경 개선에도 힘을 써주었으니, 이번에도 기대해볼 수 있겠다는 판단이 섰다.

나는 방근배 보좌관에게 전화를 걸어 그동안 찾은 자료와 우리의 의견서를 바탕으로 자초지종을 설명했다. 방근배 보좌관은 해당 내용이 어떤 맥락에서 진행되고 있는지 바로 이해했다.

"그냥 둘 수 없겠는데요? 일단 조사한 자료 보내주시고 의견서도 함께 보내주세요. 저희 쪽에서도 어떻게 진행되고 있는지 담당자에게 연락해볼게요."

얼마 후 보좌관에게서 함께 일해보자는 연락이 왔다. 마침 국정감사가 다가오고 있었다. 방 보좌관은 김 의원에게 이야기해서 국토교통부 장관에게 서면질의를 하는 쪽으로 추진해보겠다고 했다. 일사천리였다.

며칠 후 우리는 국토교통부로부터 "충분한 논의를 거쳐 개정 여부를 결정할 필요가 있다고 보아 이번 개정안에서 제외키로 하였으며, 말씀하신 아이들의 놀 권리 등에 대해서도 계속적으로 관심을 기울여나갈 계획입니다"라는 공식 답변을 받았다. 새로 지어질 150세대 이상 주택단지에서 사라질 뻔했던 놀이터를 지킬 수 있

놀이터를 지키지 못하면,
앞으로는 모든 아이들이
키즈카페나 집에서만 놀아야 한다.

⋮

게 된 것이다. 역시 행정부를 움직이는 데는 국회만 한 곳이 없다는 사실을 다시금 느꼈다.

하지만 이런 작은 승리에 취해 있을 수는 없었다. 놀이터에 대한 사회인식에 근본적인 변화가 없으면, 몇 년 후에 이런 일은 다시 반복될 것이다. 나중에 안 사실이지만, 국토교통부에서는 이미 2012년에도 놀이터 의무 설치 규정을 없애려고 시도했었다. 다행히 그때는 조경업자들이 로비 활동을 벌여서 의무 설치 규정을 지킬 수 있었다.

하지만 잃은 것도 많았다. 기존 50세대 이상이었던 의무 설치 기준이 150세대 이상으로 변경되었고, 다른 주민 공동시설의 총 면적 범위 내에서 설치하면 되도록 해 면적 기준 또한 사라졌다. 또한 놀이터와 녹지, 운동 시설을 통합해서 설치할 경우에는 이를 합산한 면적을 놀이터 설치 면적으로 인정해주기로 했다. 결국 놀이터 수도 줄어들고 규모도 작아진 셈이다.

이러한 흐름의 배경에는 '요즘 아이들이 놀이터에서 놀긴 하나?', '놀이터를 만들어 아까운 땅을 놀리느니 다른 용도로 잘 쓰면 되는 것 아닌가?'라는 인식이 깔려 있다. 이러한 문제를 인식하자 조바심이 났다. 사람들의 생각을 바꾸지 않으면, 놀이터에서 아이들이 얼마나 잘 놀고 있는지, 아이들에게 놀이터가 얼마나 필요한 공간인지 설득하지 못하면, 정말 미래에는 모든 아이들이 돈을 내고 키즈카페에서 놀거나 집에서만 놀아야 하는 일이 생길지도 모른다.

재미없는 놀이터도 문제다

공간은 정치의 산물이다. 한번 잃으면 회복하기가 무척 어렵다. 관리하기 쉽고 돈이 되는 주민 공동시설만 지으려는 사업자들을 비난하는 데는 한계가 있다. 이윤을 추구하는 것은 기업의 자연스러운 생리이기 때문이다.

아이들의 '권리'를 앞세우는 전략을 언제까지 밀어붙일 수 있을까? 문제를 근본적으로 해결하려면 놀이터를 잘 지어야 아파트가 잘 팔리는 환경을 만들어야 한다. 그러면 아이들이 잘 노는 좋은 놀이터를 만들어서 아파트 브랜드 이미지를 높이려는 움직임이 사업자들 사이에서 자연스럽게 생겨날 것이다.

그러려면 놀이터 자체에 변화가 필요하다. 천편일률적인 구성으로 재미라고는 찾아볼 수 없는 놀이터 자체가 문제다.

놀이터를 바꿀 방법은 없을까? 아이들이 잘 놀고 유지 관리도 잘되는 놀이터를 만들 수는 없을까? 자의 반 타의 반으로 시작한 스터디는 어느새 가슴 뛰는 새로운 일로 바뀌어가고 있었다.

하늘
놀이터에서
배운 것

당시 우리 부서는 6월과 12월, 1년에 두 번 워크숍을 진행했다. 반나절에 걸쳐 각자 진행 중인 사안을 공유하고 새로운 아이템이 있으면 기획안을 발표하고 의견을 듣는 자리였다. 6월 워크숍이 가까워질 때까지 나는 아무런 기획안도 작성하지 못했다. 어떻게 진행할지 생각이 정리되지도 않았고 뭘 하고 싶은지도 분명치 않았다. 놀이는 그저 흥미로운 스터디 주제였을 뿐 당시만 해도 어떤 활동을 하고 싶다는 생각은 크지 않았다.

그때 내 마음에 불을 지핀 이야기가 하나 있다. 바로 귄터 선생의 이야기다. 귄터 벨치히라는 세계적인 놀이터 디자이너가 5월경 한국에 왔다. 어쩌다 그의 강연을 각기 다른 곳에서 세 번이나 듣게 되었다. 세월호 사건이 있고 얼마 되지 않았을 때였다. 귄터는 현재 한국의 상황에 대한 본인의 생각을 이야기했는데, 그의 이야기가 내 머리를 때렸다.

많아도 너무 많은 '하지 마시오'

권터가 보기에 우리나라에는 '하지 말라'는 일방적인 말이 너무 많았다. 예를 들어, 공원 잔디밭에 '들어가지 마시오'라는 팻말이 있는데 도대체 왜 들어가지 말라고 하는지 이유가 전혀 없다는 것이다. 마찬가지로 놀이터에도 하지 말라는 금지 사항은 많은데 이유는 없다고 했다. 독일 같았으면 다들 무시했을 거라며 이유가 없는 '하지 마시오'는 따라야 할 이유도 없다고 했다.

권터의 말은 일본 세이브더칠드런의 놀이터 사업과도 일맥상통했다. 2011년 동일본 대지진이 발생한 뒤 피해 지역을 긴급 복구하는 과정에서 일본 세이브더칠드런이 어린이공원 정비 사업을 진행했다. 보고서를 보니 일본 놀이터에도 '젖어 있을 경우 놀지 않는다', '그네를 탈 때 근처에서는 놀지 않는다' 등 금지 사항이 많았다.

하지만 보고서는 안전을 위해 아이들의 행동을 제한할 때는 그 이유를 확실히 알려주어야 한다고 권고했다. 그렇지 않으면 아이들이 그런 행동을 하지 말아야 하는 이유를 이해하지 못하기 때문이다. 요지는 아이들에게 스스로 생각할 기회를 주어야 한다는 것이다.

권터는 세월호 사건을 언급하면서 200명이 넘는 아이들이 사망했는데 만일 모든 아이가 살려고 몸부림쳤다면 목숨을 잃은 아이가 훨씬 적었을지도 모른다고 했다. 그리고 그러지 못한 가장 큰 이유가 어릴 때부터 '얌전히 있어라, 어른들 말을 잘 들어라'라는 일방적인 지시에 너무 익숙해진 탓이 아닌가 싶다고 우려를 표했다. 맘껏 놀아야 할 놀이터에서까지도 얌전히 앉아 있게 하고 뛰지 못하게 하고 줄을 세운다면 다른 곳에서는 더하지 않겠느냐, 합당한 이유를 듣기보다 통제되는 데 익숙해지니 무언가를 시도하기보다는 무기력하게 가만히 있는 쪽을 학습하지 않았겠느냐는 이야기였다.

아이들이 어릴 때부터 자유로운 환경에서 맘껏 뛰어놀고, 스스로 자신의 몸을 보호하는 법을 배우고, 새로운 놀이에 도전하고 모험을 즐기며 자랐다면, 이번 참사의 결과도 조금은 달라졌을지 모른다고 했다.

왜 하지 말라고만 할까

원래 아이들은 잠시도 가만히 못 있는 존재인데, 왜 우리는 아이들에게 "얌전히 있어", "조용히 해", "움직이지 마"라고 이야기했던 걸까? 놀이와 세월호 사태가 물밑에서 맞닿아 있다는 느낌이 들었다. 내가 할 수 있는 일이 있겠다는 생각이 들었다. 놀이를 통해서 아이들이 조금이라도 더 잘 놀고 건강하게 성장하고 발달할

이유가 없는 '하지 마시오'는
따를 이유도 없다.

⋮

수 있다면 상황이 조금이라도 나아지지 않을까. 머릿속에서 몽글몽글 아이디어가 샘솟았다.

부랴부랴 기획안을 작성했다. 뭔가 하고 싶었다. 내가 할 수 있는 일이 있다는 안도감과 내가 좋아하는 주제를 일로 연결한다는 희열이 있었다. 그간 만났던 사람들과 들은 이야기, 검토했던 자료를 조합했다. 일주일가량 밤낮으로 매달렸다. 스터디 기간까지 생각하면 적지 않은 시간 고민한 결과였다.

그렇게 해서 나온 것이 '하늘 놀이터' 기획안이다. 기존의 공공 건물 옥상을 놀이터로 만들자는 취지였다. 옥상이라는 공간의 특성상 입구만 지키면 독립적인 공간을 조성할 수 있다는 면에서 어른들의 시선과 개입으로부터 자유롭다. 놀이 카드를 통해 외부인 출입을 통제하고 CCTV와 음향 시설, 문자 빌송 서비스를 활용하면 부모들을 안심시킬 수 있다. 덧붙여 저녁 이후에는 마을 공동체의 모임 장소로 활용해 함께 관리하자는 제안을 담았다. "재미가 없는 놀이는 노동이고, 노동이라도 재미가 있으면 놀이다"라는 귄터의 말로 PPT 마지막 페이지를 장식했다.

드디어 워크숍 당일, 내 순서가 되었다. 부서 사람들도 내가 오랫동안 스터디를 하면서 놀이에 대해 고민해온 것을 알기에 기대감이 높았다.

그러나 결과는 처참했다. 놀이가 부족하다는 문제의식에는 대체로 공감했으나 해결 방식에는 반대 의견이 많았다. 공간이 문제가 아니라 시간이 문제라는, 예상했던 지적이 나왔다. 과연 옥상까지 아이들이 오겠느냐는 질문도 나왔다. 자체 건물이 아니라면 공공 기관이나 특정 건물 옥상이어야 하는데, 접근성이 너무 떨어진다는 얘기였다. 거기까지 오는 길에 다른 곳에 들러 놀면 될 거라는 의견, 이미 비슷한 옥상 놀이터가 있다는 의견도 있었다. 일반 주거 지역까지 확산시키기에는 공간 확보가 어려울 것이라고도 했다. 옥상에서 아이들이 놀려면 펜스도 쳐야 할 것이고, 아이들이 맘껏 뛸 때 얼마나 안전한지 따져봐야 한다는 지적까지, 굴비 두름마냥 지적 사항이 줄줄이 딸려나왔다. 다 맞는 말이었다.

설익은 기획에 자비는 없었다. 여지없이 이것은 이래서, 저것은 저래서 안 됐다. 의기소침해지려는 순간 부장이 입을 열었다. "하지 말라는 건 아니니까 계속 고민해봐요."

그래, 이거면 됐다. 처음 생각한 아이디어는 모두 폐기되었지만, 머릿속에서는 또 다른 기획이 몽글거리기 시작했다. 이제부터가 시작이었다.

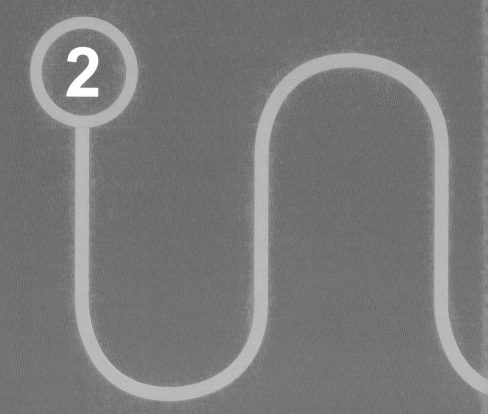

우리랑 같이 하실래요?

한 가지만 하세요!

서울시와 함께하다

놀이터가 왜 여기 있나요?

세화 놀이터와의 만남

이건 내 놀이터예요

최고의 디자이너를 찾아라

2

놀이터를
생각하다

우리랑
같이
하실래요?

"그냥 편하게 말씀드릴게요. 이런 프로젝트를 계획하고 있는데, 저희와 함께해주실 수 있나요?"

A3 용지에 각종 도형으로 그린 놀이터 기획안을 건네며 던진 첫마디였다. 아직 놀이라는 주제를 기관 차원에서 심도 있게 다뤄본 적이 없고, 담당자인 나조차 문외한에 가까웠다. 이런 상황에서는 기획이 타당한지, 함께 발전시킬 수 있을지 혼자 고민하는 것보다 놀이 관련 단체와 전문가를 만나는 편이 낫다.

먼저 '놀이'에 대한 깊이 있고 분명한 시각이 필요했다. 놀이는 누구나 어릴 때부터 즐겼던 것이라 쉽게 생각하는 경우가 많다. 하지만 놀이가 무엇인지 정의하고, 놀이와 놀이가 아닌 것을 명확하게 구분하기란 쉽지 않다. 컴퓨터게임을 놀이로 볼 것인가, 강사가 진행하는 레크리에이션은 놀이인가, 학교 체육 시간은 놀이의 보충인가 아니면 공부에 가까운가.

일과 놀이, 공부와 놀이는 어떻게 다른가와 같은 질문은 답하기가 쉽지 않다. 그래서인지 외국 자료를 보아도 놀이에 대한 정의는 학자마다 다르고 내용 또한 천차만별이었다. 따라서 일을 시작하기 전에 '놀이'에 대한 우리 나름의 정의가 필요했다. 놀이 관련 책을 탐독하고, 놀이를 오랫동안 고민해온 전문가와 아동 놀이 분야 교수들도 만나보았다.

놀이터를 기반으로 아이디어를 생각하다 보니 놀이터를 둘러싼 다양한 전문 영역을 살펴보아야 했다. 놀이터의 법적 근거를 알아보고자 담당 공무원을 만나고 변호사의 자문을 받기도 했다. 놀이터와 관련된 외국의 법과 정책을 살펴보는 작업도 함께 진행했는데, 어려운 법 조항과 언어의 한계에 부딪혀 시간이 꽤 걸렸다.

한동안은 놀이터 디자인에 빠져 외국의 기상천외한 놀이터 디자인을 살펴보고, 대한민국에서 내로라하는 놀이터 디자이너가 누구인지, 어떤 작품이 있는지 확인했다. 또한 놀이터에서 빠뜨릴 수 없는 안전 문제를 살펴보기 위해 조경 및 건축 분야 전문가들과 놀이 기구 업체, 안전 점검을 실시하는 협회 관계자들을 만나고, 실제로 외국 기준을 토대로 국내에 놀이터 안전기준을 도입한 교수들도 만나보았다.

마지막으로 기존 놀이터의 한계를 극복하려는 다양한 시민사회의 시도도 확인했다. 전래놀이를 응용한 여러 가지 놀이를 새로 만들어 보급하려는 사람들부터 놀이터 활동가들을 양성해서 아이들의 놀이를 지켜주려는 사람들, 마을 공동체를 활성화하기 위해 놀이터를 활용하려는 이들, 어느 곳이나 놀이터여야 한다는 생각에서 팝업 놀이터를 만드는 청년들, 모험 놀이터와 숲 놀이터, 공원 놀이터 같은 대안 놀이 공간을 도입하려는 사람들까지 다양했다.

세상을 바꿀 놀이터 아이디어 5

놀이 전문가들을 만나면서 놀이를 쉽게 생각했던 것을 반성했다. 놀이만큼 파고들수록 무궁무진한 세계가 열리는 분야도 드물 것이다. 전문가들에게서 이따금 엿보이는 통찰은 놀이를 깊게 파고들고 싶다는 진한 욕구를 불러일으켰다. 아쉽게도 아직 우리나라에는 놀이를 전문적으로 연구하는 학회나 연구소가 없지만, 외국에는 놀이만 연구하는 연구진도 많고 새로운 놀이의 효과나 영향에 관한 연구도 활발했다.

많은 전문가가 놀이 생태계가 급격히 빈약해지고 있다는 점을 지적했다. 지금까지 놀이는 인류의 생존 방식 중 하나였다. 그런 놀이가 전 세계적으로 급격히 줄어들고 있다고 한다. 놀이는 일상적인 행위이지만 놀이 생태계는 사회적 산물인데, 인류가 놀이를 통해 얻어오던 많은 지식을 지금은 학습과 교육이 대신하고 있다.

놀이 전문가들을 만나면서
이 일을 쉽게 생각했던 것을 반성했다.

:

특히 몸을 활용한 놀이는 미디어의 범람으로 급격히 감소했고, 급격한 도시화와 자동차의 증가로 물리적 환경 또한 놀이에 부적합한 방향으로 변했다. 우리나라뿐만 아니라 많은 선진국에서 나타나는 문제다. 전 인류를 통틀어 가장 놀지 못한 세대가 바로 지금 아이들 세대고, 앞으로 이 같은 추세가 이어진다면 언젠가는 놀이를 잃어버린 세대가 등장할지도 모른다.

전문가들을 만나고 단체를 찾아다니며 열정을 쏟았지만, 진입 장벽은 여전히 높았다. 가장 먼저 부딪치는 벽은 '당신들은 대체 누구고 왜 갑자기 놀이에 관심을 갖는 거죠?'라는 반응이었다. 몇 번의 시행착오를 거친 끝에 우리 이야기를 두루뭉술하게 하는 것보다 일목요연하게 정리해서 문서로 전달하는 편이 낫다고 생각했다. 그래서 단도직입적으로 이야기를 꺼내게 된 것이다.

그런 면에서 '하늘 놀이터' 기획안 이후 머릿속에서 떠다니던 여러 아이디어를 한 장에 정리한 것은 참 다행스런 일이었다. 우리가 작성한 놀이터 기획안에는 도시에서는 재미없고 위험한 놀이터를 고치고, 농어촌에서는 놀이터를 더 만들자는 내용이 들어 있었다. 영국의 사례를 참고해 국가 차원에서 아동 놀이 정책을 만들자는 내용도 넣었다. 또한 어디에서든 놀이가 이루어질 수 있는 환경을 조성하고, 안전 문제로 폐쇄된 놀이터를 되살리는 법안을 만들자는 제안도 포함했다. 등교 시간을 늦추자는 제안까지 넣었으니 하고 싶은 것을 총망라한 셈이나 다름없었다. 이 많은 내용을 글로만 읽으면 지칠 수 있으니 이해하기 쉽게 도식화했다.

앙증맞은 상자에는 새로운 방식으로 놀이터를 만들기 위한 다섯 가지 '놀이터 아이디어'를 적어두었다. 첫째, 기존의 놀이 시설 위주에서 탈피한다. 둘째, 아동에게 빈 놀이 공간을 제공한다. 셋째, 시설로 가득 찬 기존의 놀이터를 해체하여 진흙 밭, 모래밭, 오를 수 있는 나무, 뛰어내릴 큰 바위, 타고 오를 그물, 그네를 설치한다. 넷째, 놀이터를 만드는 과정에서 처음부터 끝까지 아이들의 참여를 보장한다. 다섯째, 놀이터 시설 변화와 더불어 지역 공동체가 녹아든 다양한 놀이 활동을 함께 제공한다.

당시에는 이 작은 상자 하나가 우리에게 어떤 인연을 만들어줄지 알지 못했다.

UNCRC31 Play, Leisure, Rest

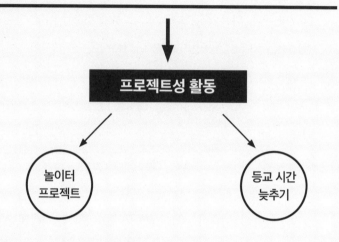

프로젝트성 활동

놀이터 프로젝트

등교 시간 늦추기

도시형

도시의 재미없고 위험하고 주인 없는 놀이터를 친구들과 함께 안전하게 어울려 놀 수 있는 공간으로 제공

- 5~13세 초등학생 주 타깃
- 대도시형
- 기존 놀이터 리모델링

농어촌형

농어촌의 부족한 놀이 시설을 추가 제공함

- 5~13세 초등학생 주 타깃
- 농어촌형
- 놀이터 신규 설치

충분한 수면 시간 확보

- 중고생 주 타깃
- 전국 대상
- 교육청(전북, 강원, 서울) 아 수나로 등 다양한 주체와 협업 필요
- 언론이나 SNS를 통한 이 슈파이팅 실시
- EBS 〈실험 쇼〉와 같은 미 디어 활용

유엔아동권리 협약 제31조

1. 당사국은 휴식과 여가를 즐기고, 자신의 연령에 적합한 놀이와 오락 활동에 참여하며 문화 생활과 예술에 자유롭게 참여할 수 있는 권리를 인정한다.

2. 당사국은 문화적, 예술적 생활에 완전하게 참여할 수 있는 아동의 권리를 존중하고 촉진하며, 문화, 예술, 오락 및 여가 활동을 위한 적절하고 균등한 기회를 제공하도록 권장해야 한다.

정책 개선 옹호 활동

국가아동 놀이정책

아동정책기본계획(보건복지부)에 국가아동놀이 정책 추가

- 보건복지부, 교육부 타깃
- 해외 사례의 국내 적용을 위해 학계와 협업

놀이터를 만들자

법률, 조례 개정을 통해 놀이터 신규 설치를 용이하게 함

- 서울시 주택조례 개정 〈필수 주민공동시설〉에 놀이터 추가 요청
- 국토교통부 〈주택건설기준 등에 관한 규정〉 150세대 ⇨ 50세대로 재변경 요청

놀이터를 지키자

폐쇄 예정인 놀이터를 지켜 아동 놀 공간 축소 예방

- 안전행정부 〈어린이놀이시설 안전관리법〉에 따라 설치검사를 통과 못해 폐쇄 예정인 어린이 놀이 공간 축소 문제 제기
- 지자체, 중앙정부에 놀이터 확보에 대한 의견 표명 요청
- 설치 검사에서 불합격한 곳에 '놀이터 리모델링' 프로그램 제안

세이브더칠드런 놀이터 아이디어

① 기존의 놀이 시설 위주 탈피

② 아동에게 빈 놀이 공간 제공

③ 기존 시설 해체 및 진흙밭, 모래밭, 오를 수 있는 나무, 뛰어내릴 큰 바위, 타고 오를 그물, 그네 설치

④ 놀이터 설치 과정에서 처음부터 끝까지 아동 참여 보장

⑤ 놀이터 시설과 더불어 지역 공동체의 특성이 녹아든 다양한 놀이 활동 제공

기본 데이터

① **전국 놀이터 현황**

61,769개 중 지자체 소관 | 주택단지 놀이 시설 30,752 / 도시 공원 8,164 / 어린이집 8,139

교육청 소관 | 학교 5,881 / 유치원 7,019

② **놀이 시설 설치 검사 현황**

2014년 5월 말 기준으로 전국 61,769개 어린이 놀이 시설 중 47,179(76.4%) 합격 / 1,468 불합격 / 12,161 미검사

만나고 배우고 준비하다

무기는 준비했고 누구를 먼저 만날지가 관건이었다. 사실 아는 사람이 몇 없어서 고민할 것도 없었다. 예전에 토론회나 세미나에 연사로 참석했던 사람들에게 먼저 메일을 보냈다. 그리고 지인들에게 도움을 청했다. 다행히 산별아 놀이터 오명화 씨가 본인이 놀이 관련 모임에 참석했을 때 만난 사람들을 소개해주었다. 그렇게 시작된, 놀이터 기획안을 품에 안은 장돌뱅이 생활이 거의 한 달 넘게 이어졌다.

먼저, 서울 동북부에서 학교와 공원을 중심으로 아이들과 놀이 활동을 하는 '와글와글 놀이터' 이모들을 만났다. 안동에 가서 편해문 놀이 활동가를 만나는가 하면 공릉청소년센터 아이들을 만나 참여 활동 경험을 직접 듣기도 했다. 보광동에서 마을 활동을 하는 청년 활동가들도 만났다. 공원에서 야외 놀이 프로그램을 운영하는 서울그린트러스트도 만나고, 서울시 마을 공동체 종합지원센터를 찾아가 마을 공동체와 놀이터라는 공간이 어떻게 결합할 수 있는지 묻기도 했다. 관련 행사나 토론회, 세미나에도 열심히 참석했다.

이를 통해 놀이에 관심이 있는 사람들이 적지 않다는 사실을 알 수 있었고, 이때 만난 인연들을 통해 이후 다른 곳에서 도움을 받기도 했다. 예를 들어, 편해문 활동가나 와글와글 놀이터 이모들은 우리가 놀이터를 만드는 과정에서 워크숍 강사로 참여해주었다. 놀이 정책에 관한 청원 서명을 받을 때도 누구보다 먼저 연락하는 상대가 되었다. 마지막으로 우리 기획이 어느 정도 현실성이 있는지, 어떤 어려움이 예상되는지, 사람들의 반응과 진지한 조언을 통해 확인할 수 있었다.

사람들도 만나고 스터디도 계속하다 보니 머리에 들어오는 게 많아졌다. 그래서일까, 하고 싶은 것도 자연스레 많아졌다. 자료를 보다가 좋은 아이템이 있으면 '오! 이것도 괜찮겠는데' 하면서 기획안에 조금씩 추가했다. 실제로는 아무것도 진행된 게 없는데 기획안의 규모만 엄청나게 커졌다. 그러는 사이 팀장이 느끼는 답답함도 심해졌다.

한 가지만
하세요!

"아, 이게 다 뭐야! 제충만 씨, 이 중에서 제일 하고 싶은 게 뭐예요? 딱 한 가지만 하세요. 한 가지만."

"네? 딱 한 가지만요?"

부장은 표로 빼곡히 채운 A3 크기의 거대한 문서를 보고 넌더리를 냈다. 가로축은 1년 단위로 5등분한 5년이라는 기간이, 세로축은 옹호 활동, 정책 개선, 인식 개선, 연대 활동 등 다양한 영역이 적혀 있었다. 칸마다 그해에 하고 싶은 활동이 빼곡했다. 깨알 같은 글자로 빡빡하게 칸을 채운 내용이 모두 놀이터 프로젝트 기획안이었다. 이 중에서 한 가지만 골라야 한다면, 뭘 골라야 하지?

한 칸을 채우기 위해 지난 몇 달간 머릿속으로 얼마나 많은 생각을 했던가. 내 자식과도 같은 기획인데 어떻게 이 중 하나만 고를까. 활동을 하나 기획하면 이 활동이 정말 사회적 의미가 있고 효과가 있을지 확인하기 위해 외국 기사도 찾아보고, 다양한 연구 자료를 통해서 검증도 했다. 하나의 활동을 달성하면 상상력을 발휘해서 이듬해에 추가로 달성해야 할 것들을 만들어냈다. 한 영역의 활동이 잘되면 시너지를 낼 수 있는 다른 영역의 활동도 채워넣었다. 수많은 밤을 하얗게 불태웠다. 그런데 이걸 어떻게 버려? 있을 수 없는 일이었다. 가혹했다. 하지만 이미 예견된 사건이었다.

팀장과의 사이가 나빠진 이유

가을을 지나 겨울의 문턱에 접어들 무렵, 개울가에 살얼음이 끼듯 팀장과의 사이가 나빠지기 시작했다. 이유는 단순하면서 단순하지 않았다. 나는 하고 싶은 사업이 많았고, 팀장은 그 사업을 해야 하는 이유를 만들어야 했다.

예를 들어, '아이들이 놀 공간을 확보한다'는 아이디어를 구상하면 나는 일단 도시에 있는 폐쇄된 놀이터를 주목했다가 곧 농어촌, 학교, 골목길, 모험 놀이터로 범위를 확대했다. 대상을 고민하다 보면 일반 아동에서 청소년, 장애 아동, 다문화, 여사아이로 대상이 확대되었다. 정책 개선을 제안할라치면 국가아동놀이 정책도 만들어야 하고 조례도 바꿔야 하고 어린이 놀이 시설 안전관리법도 재개정해야 했다. 이것뿐이겠는가. 국제 네트워크에 참가해야지, 캠페인 영상 찍어야지, 다큐멘터리도 만들어야지, 심지어 앱도 제작하자고 했다. 하고 싶은 일이 무궁무진했다.

하지만 팀장은 왜 놀이 공간을 확보해야 하는지, 정말 골목길 놀이 공간이 아이들에게 도움이 될지, 이런 활동을 세이브더칠드런이 또는 우리 권리옹호부가 꼭 해야 하는지 고민해야 했다.

"앞으로 시작하는 모든 사업은 반드시 세 가지 질문을 통과해야 해요. 반드시 해야 하는 일인지, 우리가 해야 하는 일인지, 지금 해야 하는 일인지."

며칠 전 사무총장이 전 직원 앞에서 한 이야기 때문에 팀장의 고민은 한층 깊어졌다. 사실 생각해보면 사무총장의 이야기는 어느 사업을 하든 응당 던져야 할 질문이다. 하지만 사업 진행을 최종 결정하는 사람의 입에서 나온 말이니 무게감이 남달랐다. 팀장도 이 질문에 맞춰 내가 제출하는 아이디어들을 판단하느라 곤혹스러워했다. 결국 계속 일을 벌이려는 나와 우리가 할 수 있는 일을 하자는 팀장의 의견이 부딪쳤다.

그리하여 우리는 야근에 야근을 이어갔다. 낮에는 각자 일을 하면서 생각을 정리해두었다가 저녁 무렵 회의실로 모였다. 낮에 수정한 기획안을 제출하면 팀장의 질문이 따라붙었다. 사실 그때는 앞뒤 안 보고 내달릴 때라 팀장이 계속 발목을 잡는 것 같았다. 공간이 아니라 시간이 문제 아닌가요? 공간 하나를 바꾸는 게 어떤 변화를 가져오겠어요? 우리는 사업하는 부서가 아니잖아요. 정책 개선과 뚜렷하게 연결되지 않는 일을 우리가 할 이유가 있을까요? 이런 질문에 대해서는 나도 명확히 답하기 어려웠다. 신경질적으로 대응할 때도 많았다.

이런 일도 있었다. "애들 노는 공간을 하나 바꾼다고 그게 무슨 의미가 있겠어요. 어차피 애들은 어디서든, 어떻게든 다 놀잖아요. 죽고 사는 문제도 아닌데, 그게 부모의 학대와 폭력으로 지금 당장 죽어가는 아이들보다 먼저 챙겨야 할 일인가요? 내 머릿속에서 통과가 안 돼요. 설득이 안 된다고요."

팀장의 말에 순간 나도 폭발했다.

"아니, 팀장님. 그 이야기는 이미 끝난 거 아니었나요? 이렇게 다시 끄집어내시면 저보고 어떻게 하라고요. 팀장님이 이해가 안 되신다고 계속 붙잡고 계시면 저도 너무 힘들어요." 분명 팀원으로서 하지 말아야 할 말이었다. 하지만 나도 답답한 마음을 어떻게 할 수 없었다. "팀장님, 평범한 아이들도 놀 권리가 있고 좋은 환경에서 놀아야 하는 것은 두말할 것 없지 않나요? 지금 당장 죽고 사는 문제도 우리가 고민해야 할 일이 분명하지만, 그렇다고 보통 아이들의 평범한 행복, 놀 권리에 대해 침묵하는 것은 옳지 않다고 생각해요."

이렇게 또다시 같은 문제로 옥신각신했다. 그러디 보니 매번 이야기는 원점으로 돌아갔다.

어지간하면 둘 중 한 명이 포기해야 하는데 팀장도 나도 쉽게 물러서지 않았다. 접근 방법이 서로 달랐을 뿐 이 일을 잘 해보고자 하는 욕심이 있었기 때문이다. 그래도 근본적으로 사이가 틀어지지 않은 것은 서로에 대한 신뢰 덕분이었다. 2년 이상 팀장과 부대끼며 생긴 신뢰, 팀장이 이 일을 망치려고 일부러 그러는 게 절대 아니라는 믿음, 그리고 누구보다 이번 일이 잘되길 바라고 있다는 믿음을 끝까지 붙들었다. 물어보지는 않았지만, 아마 팀장도 내가 나쁜 사람이 아니라는 것과 내가 자신을 일부러 괴롭히려는 게 아니라는 점을 알고 있었으리라. 진심은 통한다고 하지 않던가.

그럼에도 우리의 충돌은 한 달 정도 더 이어졌다. 결국 보다못한 부장이 개입했다. 부장은 일단 팀장에게 지금까지 논의한 사항을 정리해서 보고하게 했다. "알았어요. 제충만 씨가 하고 싶은 것 다 적어 와요. 어떻게 되는지 봅시다."

'잘됐다. 이 기회에 내가 생각한 아이디어를 쏟아 부어서 한 번에 통과시키자.' 그래서 며칠 밤을 새우며 기획안을 준비했다. 그래서 나온 게 A3 용지를 무시무시한 표로 가득 채운 기획안이었다.

힘이 실리는 메시지를 만들려면

내 기획안을 보고 모두 내 고민의 깊이와 통찰에 박수를 보낼 거라 생각했다. 하지만 내 예상은 보기 좋게 빗나갔다.

"이게 보라고 만든 문서예요? 이걸 다 하겠다고요? 제충만 씨는 도대체 뭐가 중요하다고 생각하는 거예요? 핵심이 드러나지 않고 양만 무시무시하게 많은 걸 들고 오면 누가 허락해준대요? 인쇄라도 크게 해주든가, 글자가 작아서 도통 볼 수가 없잖아요."

부장은 내게 가장 중요한 게 무엇인지, 가장 하고 싶은 게 무엇인지 물었다. 머릿속이 하얘졌다.

"국가. 아동. 놀이. 정책을 만들어야 하지 않을까요?"

울긋불긋해진 얼굴을 감추며 딱딱 끊어서 말하고 일부러 배시시 웃었다. 이러면 좋게 봐주겠지, 하면서.

하지만 전혀 아니었다. "그래요? 역시 국가아동놀이정책을 만들어야겠죠? 그럼 이 일만 한다고 생각하고 집중해보세요." 부장과의 미팅은 싱겁게 끝났다. 그때였다. 한참 동안 잠자코 있던 팀장이 나섰다.

"부장님, 정책 개선 활동도 뭔가 기반이 있어야 할 수 있습니다. 아무런 활동이나 근거 없이 메시지만 내보내는 것도 한계가 있고요. 시험 삼아서라도 폐쇄된 놀이터를 아이들과 함께 다시 만드는 개선 활동을 한번 해봐야 그 가운데서 아이들의 목소리도 얻고, 어떤 의미나 근거를 가지고 정책을 만들자고 이야기할 수 있습니다."

"마…… 맞습니다. 부장님." 내가 할 수 있는 말은 이 말뿐이었다. 내가 하고 싶었던 이야기를 팀장이 대신 해주었다. 그간 팀장에게 쌓였던 답답함과 서운함이 단번에 사라졌다.

팀장과의 기나긴 논의 과정에서 나온 대부분의 질문은 담당자인 내가 자신에게 던졌어야 하는 질문이었다. 나는 염치없게도 내역할을 팀장에게 떠넘기고 편해지려고 한 것인지도 모른다. 아니, 어쩌면 내가 해야 할 질문들 앞에서 스스로 답을 찾지 못할까 두려워 팀장에게 떠넘기고, 발목 잡는 팀장을 비난하는 것으로 내역할을 다한 것처럼 행동했는지도 모른다.

놀이에 관해서 이야기하기는 쉽다. "아이들은 잘 놀아야 합니다." 당연한 말이다. 그러나 대안을 제시하지 못하는 이야기로는 누구도 감동시킬 수 없다. 결국 핵심은 아이들을 만나고 그 안에서 사회구조의 문제를 발견하고 이를 쉽게 풀어낼 스토리를 뽑아내는 것이다. 그래야 메시지에 힘이 실리고 사람들이 귀를 기울인다. 그런 면에서 팀장이 나서준 것이 정말 천만다행이었다.

부장이 개입했다고 해서 특별히 결정된 사항은 없었다. 그 많은 기획 중에서 어느 것 하나 콕 집어서 진행해보라는 지시도 없었다. 모든 게 원점으로 돌아왔다. 하지만 더 생각하고 알아볼 여지가 남아 있었다. 아직 한 가닥 동아줄이 남아 있다는 느낌이었다. 이 동아줄만 끊어지지 않으면 희망은 있다고 생각했다.

서울시와
함께하다

사람들을 만나러 다니느라 꽤 시간이 지났지만, 기획안은 지지
부진했다. 별다른 소득 없이 점점 지쳐갔다. 만나는 사람들은 다
흥미로웠고 좋은 일들을 하고 있었다. 하지만 딱히 끌리는 이들은
없었다. 하고 싶은 일은 많은데 사실 놀이 관련 현황도, 이 분야에
어떤 단체와 기관이 있는지도 잘 모르는 상황이었다.

혼자 할 수 있는 일이 없다 보니 기획안은 현실감 없이 붕 떠 있
었다. 기획이 구체화되려면 어떤 계기가 필요했다.

서울시 공원관리팀과의 만남

때마침 서울시 공원녹지과 공원협력팀이 우리가 만났던 서울그
린트러스트와 '공원 놀이 100'이라는 프로그램을 준비하고 있었

다. 공원협력팀은 서울시가 담당하는 공원에서 아이들과 함께 노는 프로그램을 운영하는 업무를 주로 맡고 있었다. 서울그린트러스트의 소개를 받아 공원협력팀에 연락을 취했고 팀장과 만나 이야기를 나누기로 했다.

이번에도 달랑 종이 한 장만 들고 찾아가서 우리가 하고 싶은 다양한 활동을 설명했다. 공원협력팀은 이따금 "오, 그렇네요" 하며 고개를 끄덕였다.

다음 날, 전화가 왔다. 공원협력팀이 아닌 공원관리팀 주무관이었다. 어제 우리가 놓고 간 다섯 가지 놀이터 원칙을 읽고 연락했다고 했다.

나와 팀장은 서울시 푸른도시국으로 향했다. 공원협력팀 팀장은 우리 기획이 자기네보다는 공원관리팀과 잘 맞을 거라며 멋쩍은 표정을 지었다. 공원관리팀 팀장, 주무관과 함께 회의를 시작했다. 내용은 간결했다. 서울시 자치구 놀이터 중에 〈어린이 놀이 시설 안전관리법〉에 따른 안전 검사에 불합격해서 이미 폐쇄되었거나 폐쇄될 예정인 곳이 상당한데, 이들 중 50여 곳이 자치구 예산 부족으로 서울시에 도움을 요청했단다. 이 중 몇 곳이든 세이브더칠드런에서 고쳐줄 수 있겠느냐는 제안이었다.

듣는 순간, '이거 큰 건이다'라는 생각이 들었다. 팀장과 눈이 마주쳤다. 번뜩 동아줄 생각이 났다. 하지만 썩은 동아줄인지 튼튼한 동아줄인지 아직 확신할 수 없었다.

공원관리팀 팀장에 따르면 예산은 시간만 있으면 어떻게든 마련하겠지만, 그동안 놀이터가 폐쇄될 것은 불 보듯 뻔했다. 가능하다면 아이들 놀이에 방해가 되지 않도록 서둘러 개선 사업에 착수하고 싶은데, 민간의 참여를 통해 새로운 방식으로 놀이터를 만들어보고 싶다고 했다. 공원관리팀 팀장은 이전에 서울시 상상어린이공원 사업을 직접 진행했는데, 관에서 주도하면 아무래도 여러 절차 때문에 창의적으로 일하기가 어렵다고 했다. 상상어린이공원 때도 외부 기관의 참여를 시도했으나 본인이 원하는 수준은 아니었다며, 날짜는 다가오는데 대안은 떠오르지 않아 답답한 상태였다고 했다.

그때 마침 공원협력팀에서 흥미로운 기획안을 받았다며 보여주었는데, 기획안에 적힌 다섯 가지 놀이터 원칙을 보고 바로 이거다 싶었단다. 서울시는 놀이터 선정과 기획 과정에만 참여하고, 이후에는 선정된 자치구 담당자와 주로 일하게 될 거라고 했다. 그러면서 50여 곳의 놀이터 목록과 세부 정보를 제공하고 자치구 담당자와 함께 답사를 다녀올 수 있도록 주선해주겠다고 했다. 또한 몇 곳을 진행할지는 전적으로 세이브더칠드런의 결정에 따르겠다고 했다.

우리는 일단 검토해보겠다고 답한 뒤 놀이터 한 곳당 개선 사업 비용이 얼마인지 물었다. 예상보다 비용이 훨씬 많이 들었다. 우리는 몇 가지 사항을 더 묻고 나서 자리에서 일어났다.

놀이터 개선 프로젝트 첫발을 떼다

우리는 인근 패스트푸드점에 가서 햄버거를 먹으며 각자 생각에 잠겼다. 한참 뒤 팀장이 먼저 입을 열었다.

"제충만 씨는 복이 많은가 봐요. 자치구 하나 뚫기도 하늘의 별 따기인데, 서울시에서 함께하자고 바리바리 싸들고 왔으니 말이에요. 타이밍도 좋네요. 개선 비용을 어떻게 마련할지 앞이 잘 보이진 않지만, 그래도 어떻게든 시작은 할 수 있겠어요."

"팀장님, 우리 50개 다 하면 어떨까요? 1단계, 2단계, 3단계로 나누고 각각 새로운 유형의 놀이터를 만드는 대규모 사업으로 확장하는 거예요. 서울시가 함께하면 어느 정도 신뢰성도 보장될 테니, 폐쇄된 놀이터를 아이들에게 돌려준다는 측면을 기업에 어필하면 기업에서도 관심을 보일 거예요. 예산이 마련되면……."

내 말에 팀장이 피식 웃으며 대꾸했다. "내 이럴 줄 알았어요. 할 수 있는 만큼만 해야죠. 무슨 50개야 50개는!"

그리고 며칠 뒤, 부장이 C프로그램에서 우리 사업에 관심을 보여 미팅을 하게 되었다고 말했다. 나는 왜 IT 기업에서 놀이터에 관심을 갖는지, 어떻게 우리를 알고 연락했는지 궁금했다.

부장과 팀장에게 들은 C프로그램은 엄청난 곳이었다. C프로그램은 김범수, 김정주, 김택진, 이재웅, 이해진 등 내로라하는 IT업계 거물들이 '다음 세대의 건강하고 창의적인 성장'을 돕기 위해 만든 벤처 기부(Venture Philanthropy) 펀드였다. 놀이와 교육이라는 테마로 사회적 변화를 만들어나가는 개인이나 단체를 지원하려고 알아보던 중 세이브더칠드런이 놀이터에 관심이 있고 적극적이라는 소식을 전해듣고 미팅을 요청했다는 것이었다.

C프로그램은 지금까지 내가 알던 투자 기업과 전혀 달랐다. 우리 사업비의 절반을 투자했지만 역할은 파트너에 가까웠다. C프로그램은 사업을 좌지우지하거나 멋들어진 결과만 기다리지 않았다. 함께 고민하고, 끈기 있게 기다리고, 여러 자원을 연결해주었다. 특히 이번 프로젝트가 더 많은 사람들에게 이정표가 되도록 과정을 기록, 분석하는 데 공을 들였다. 전국 각지의 놀이 전문가들을 모아 네트워크를 만드는 시도도 했다. C프로그램 덕분에 놀이터 개선 프로젝트가 더욱 탄탄해질 수 있었다.

사용자 경험 디자인 회사인 pxd와 놀공발전소도 C프로그램의 소개로 우리 파트너가 되었다. pxd는 우리 사업의 모든 과정을 기록, 분석해 앞으로 놀이터를 만들 사람들에게 길잡이가 되어주는 놀이터책(playbook.or.kr)을 만들었고, 놀공발전소는 프로젝트의 각 과정을 촬영하고 기록해주었다.

믿음직한 동지들까지 생기자 말만 무성하던 기획안이 드디어 실현 가능한 사업으로 구체화되기 시작했다. 눈앞에 놓인 동아줄이 썩은 동아줄이 아니었던 것이다.

놀이터가 왜
여기 있나요?

폐쇄 위기에 놓인 50여 개 놀이터를 함께 고치자는 서울시의 제안을 받은 뒤 우리는 일단 현장에 나가 보기로 했다. 정확히 어떤 곳이 폐쇄되었고 지금 상황이 어떤지 알지 못하니 서류만 보고 성급하게 결정할 일이 아니었다. 정말 도움이 필요한 곳이 있는지, 어느 곳이 더 시급한지 일단 놀이터를 둘러보기로 했다.

"도대체 여기에 왜 놀이터가 있는 거죠? 여긴 고쳐도 올 애들이 없겠는데요."

"네, 좀 낡긴 했죠? 하하." 서울시에서 소개해준 한 구청의 놀이터 담당 주무관이 너스레를 떨었다. 이맛살이 찌푸려졌다. 안내를 받아 살펴본 놀이터는 사람들이 사는 곳에서 꽤 멀리 떨어진 자투리땅에 조성된 일반 공원 한가운데에 덩그러니 자리 잡고 있었다. 이등변삼각형을 닮은 공원은 꽤 넓은 편이나 한쪽엔 담이 둘려 있고 그 아래로 8차선 도로가 있다. 다른 쪽은 수풀이 우거져 있고,

마지막 한쪽으로는 6차선 도로가 지나간다. 다행히 건널목이 있지만, 근처 아파트 단지에서 이곳까지 오려면 길을 여러 번 건너야 할 만큼 외진 곳이다. 과연 아이들끼리 이곳에 올 수 있을까? 차라리 놀이터 말고 다른 시설이 있으면 더 좋겠다 싶었다.

한 번이라도 의견을 들었다면

"주무관님, 여기 왜 놀이터가 있는 거예요?"

"글쎄요, 저도 주무관이 된 지 얼마 안 돼서 그건 잘…… 그래도 이미 만든 거니까 잘 써야겠죠? 하하."

마침 할아버지 두 분이 근처에서 운동을 하고 있어서 다가가 물었다.

"어르신, 말씀 좀 여쭐게요. 이곳 놀이터에 애들이 자주 와요? 애들이 오기에는 좀 먼 것 같아서요."

"애들은 무슨, 여긴 어른이 오기에도 시간이 걸리는데. 우리야 시간이 많으니까 운동 삼아 슬슬 오면 되지만, 엄마들이 애 데리고 여기까지 오겠어? 가끔 유치원에서 애들 데리고 와서 잠깐 놀다 가는데 자주는 아니야." 그럼 그렇지.

이렇게 접근성이 떨어지는 곳에 놀이터를 만들 거라면 아주 특이하고 신기한 기구라도 갖춰놔서 멀리서도 일부러 찾아올 수 있게 할 것이지, 흔하디흔한 조합놀이대만 덜렁 갖다놓다니. 무척 속이 상했다. 도대체 누가 이런 곳에 이런 놀이터를 만들어놓은 것일까? 놀이터를 만들기까지 여러 사람이 관여했을 텐데 그 누구의 관심도 느껴지지 않았다. 만들 때 사람들과 이야기는 해봤을까? 동네 꼬마들의 이야기를 한 번이라도 들어봤을까? 애꿎은 주무관을 탓할 게 아니라 얼른 다른 곳을 가봐야겠다. 분명 폐쇄된 놀이터를 보며 안달 난 아이들이 우리의 손길을 간절히 기다리고 있을 거라는 희망을 품고 어서 다른 곳으로 이동하자고 보챘다.

이어서 도착한 곳은 조금 오래된 대형 아파트 단지였다. 오래된 아파트답게 지하 주차장이 없어 한낮인데도 지상에 차들이 꽤 많았다. 아파트 입구에 차를 대고 주차된 차들을 가로질러 아파트 단지 한가운데로 걸어 들어갔다. 한참을 걸으니 기이한 풍경이 펼쳐졌다. 눈앞의 광경을 보고도 믿기 어려웠다. 공동구매라도 했나 싶을 정도로 똑같이 생긴 놀이터가 네 개나 있었다. 놀이터 두 개가 몇 미터 간격을 두고 보란 듯이 어깨를 마주하고 있었고, 학교 담장 너머에 있는 학교 놀이터도 비슷한 모양으로 조성돼 있었다. 길을 따라가다가 모퉁이를 돌면 한쪽 구석에 또 놀이터가 있었다. 너무 낯선 광경이라 주무관에게 물었다. "여긴 놀이터가 참 많네요. 그럼 우리가 봐야 하는 놀이터는 여기서 더 들어가야 하나요?" 주무관은 예상했다는 듯이 이 중 자치구에서 관리하는 어린이공원 놀이터 하나를 고쳤으면 좋겠다고 했다. 나는 다시 물었다.

"주무관님, 아까 아파트 들어오는 길에도 놀이터가 몇 개 있지 않았어요? 여기만 해도 지금 눈에 보이는 놀이터가 네 개예요. 비록 특색 있는 놀이터는 아니지만 그래도 이렇게 몰려 있는데 굳이 하나만 고칠 필요가 있을까요? 하나로 합치면 모를까."

주무관도 무슨 뜻인지 이해한다며 예전에는 50세대마다 의무적으로 놀이터를 만들어야 해서 생긴 풍경이라고 했다. 규정에 따라 수천 세대가 사는 대형 아파트 단지에는 놀이터를 많이 지어야 했는데 지하 주차장도 없던 시절이라 지상에 주차 공간을 마련해야 해서 놀이터를 위한 공간을 충분히 확보하기 어려웠단다. 그 때문에 좁은 공간에 죄다 똑같은 모습으로 놀이터가 들어서게 된 것이다.

물론 처음 만들 때만 해도 자녀 수가 많던 시절이라 놀이터마다 아이들이 바글바글했을 것이다. 그런데 지금은 아이들 숫자도 많이 줄고, 있는 아이들도 죄다 학원에 가니 텅 빈 놀이터가 유독 눈에 더 띄는 것이다. 앞에서도 말했듯이 현재는 놀이터 의무 설치 기준이 150세대 이상으로 바뀌었다.

"그래도 여기는 모래 놀이터도 있고, 기구들도 약간씩은 달라요. 하하." 아쉽게도 주무관은 구청에서 관리하는 어린이공원만 담당하기 때문에 다른 놀이터랑 연계하는 일은 어려울 것 같다고 했다.

나는 인근에 놀이터가 많은데 구청에서 관리하는 놀이터까지 지극히 평범한 모습이라는 사실에 적잖이 놀랐다. 또한 당시에는 규정을 지키느라 이렇게 만들었다고 해도, 이후에 놀이터를 보수하는 과정에서 놀이터를 모아 좀 넓히고 아이들의 다양한 놀이 방식을 반영해서 색다르게 만들었으면 어땠을까 싶었다. 만드는 과정에서 아이들과 이야기를 해봤더라면, 주민들이 어떤 공간을 원하는지 이야기를 나눠보았더라면 어땠을까. 슬프게도 이 놀이터에 관심이 있는 사람이 아무도 없었다는 생각이 또다시 들었다. 하지만 일은 일이다. 바로 옆에 놀이터가 이렇게 많은 곳은 우리 사업을 진행할 대상이 아니었다.

영국의 원칙, 우리의 원칙

이후에도 다른 구청 주무관과 함께 놀이터 답사를 계속했다. 모든 조건이 맘에 드는데 단 하나의 결격 사유로 대상에서 빠진 곳도 있었다. 신혼부부가 많아서 아이들도 많고 놀이터도 꽤 좋은데, 반대편에 러브호텔이 즐비한 게 아닌가.

왜 하필 여기에 놀이터를 만들었을까 싶었다. 빌라촌 한가운데에, 동네 좋은 곳 다 놔두고 주거지 구석에, 그것도 러브호텔이 즐비한 곳 옆에 꼭 놀이터를 만들어야 했는지 묻고 싶었다. 조금만 더 신경을 썼다면, 아이들의 놀이 공간을 지역사회에서 조금이라도 좋은 곳에 짓고자 하는 마음이 있었다면 이런 결과가 나오지는

지역에서 가장 좋은 곳에
놀이터를 지어야 한다.
_ 영국 국가 아동놀이 정책

않았을 텐데. 이곳에 놀이터를 다시 만들면 언론에도 보도될 테고 많은 사람들이 찾아올 텐데 담당자로서 러브호텔 옆 놀이터는 아무래도 자신이 없었다.

그 밖에도 아쉽게 탈락한 곳이 더 있었다. 예를 들면, 다른 조건은 다 좋은데 바로 앞에 버려진 건물이 있었다. 안을 들여다보니 한동안 아무도 사용하지 않은 듯 쓰레기 더미가 쌓여 있고 벽에는 더러운 낙서가 많았다. 한낮인데도 을씨년스러웠다. 주무관에게 구청에서 조치를 취할 수 없느냐고 물었더니, 개인 소유 건물이라 구청에서도 어쩔 도리가 없다고 했다. 우리가 만들고 싶은 놀이터는 재미있고 안전한 놀이터인데, 아무리 놀이터가 훌륭해도 바로 앞에 이런 위험한 시설이 있으면 안전하다고 할 수 없다.

네 개 구청 주무관들과 열 곳이 넘는 놀이터를 돌아다니면서 세 가지 기준을 정했다. 우선, 우리가 노력해도 안 되는 곳은 하지 않는다. 왜 여기 놀이터가 있나 싶은 곳은 아무리 좋게 바꾼들 제대

118

로 활용될 리 없다. 애초에 놀이터가 있어서는 안 되는 곳이었으니까. 둘째, 인근에 놀이터가 많은 곳도 제외한다. 셋째, 놀이터 주변 환경이 위험하거나 교육적이지 않은 곳도 제외한다.

처음에는 50여 개 놀이터 중 사업 대상지를 고르는 일이 어려울 것으로 여겼는데, 막상 현장에 나가 보니 생각보다 수월했다. 세 가지 기준으로 추려보니 많은 곳이 제외되었다. 그런데 한 가지 의문이 계속 마음에 남았다. 이 많은 놀이터를 왜 이런 식으로 만들었을까? 조금만 관심을 기울이고 놀이터를 사용할 아이들과 그곳에서 살아갈 주민들의 관점에서 생각했더라면 여기가 아닌 다른 곳에, 지금과는 다른 방식으로 놀이터를 만들 수 있었을 텐데.

도시설계를 공부하는 친구에게 들은 바로는, 새로운 도시를 만들 때 주요 시설, 특히 학교를 중심에 둔다고 한다. 놀이터를 학교까지는 아니어도 그만큼 중요한 시설로 간주했다면 많은 부분이 바뀌지 않았을까? 영국의 국가 아동놀이 정책에는 놀이터를 지역사회에서 가장 좋은 곳에 지어야 한다는 원칙이 있다. 무엇보다 아이들이 접근하기 쉬워야 하고 놀이터에 오기까지의 환경 또한 안전해야 한다. 우리에게도 이런 원칙이 있다면 얼마나 좋을까.

세화
놀이터와의
만남

각 자치구를 다니며 사업을 진행할 만한 놀이터가 있는지 알아보니 도대체 왜 여기에 지었을까 싶은 곳이 많았다. 내부적으로 사업을 승인받는 과정도 한참이 걸렸다. 아무래도 처음 하는 사업이라 세부적으로 검토해야 할 사항이 많았다. 큰돈이 들어가는 사업인 만큼 제대로 된 성과를 낼 수 있을지 많은 사람에게 검토를 받아야 했다. 완벽하게 우리 마음에 드는 곳은 없었다. 그래서인지 정확히 몇 곳을 선정해야 할지, 어디를 넣고 어디를 빼야 할지 쉽사리 결정이 나지 않았다.

중랑구 세화 놀이터는 이미 몇 년 전에 안전 검사에 불합격해서 놀이 기구가 다 철거되어 빈 공간만 덩그러니 남아 있었다. 처음 혼자 방문했을 때는 아이들을 만날 수 없었다. 하지만 주변에 어린이집이 몇 군데 있었다. 아이들 자전거, 빨랫줄에 걸린 아이들 빨래, 학원 전단지 등으로 보아 분명 아이들이 있을 텐데 실제로는 아이들 코빼기도 보지 못했다. 아이들을 못 만나니 놀이터가 정말 필요한지, 아이들이 어떻게 놀고 있는지 알 길이 없었다. 그래서 세화 놀이터는 일단 보류했다.

두 번째로 팀장과 방문했을 때는 잠깐 살펴보러 간 터라 시간이 무척 짧았다. 이때도 아이들은 보이지 않았다. 짧은 시간 둘러본 것으로는 섣불리 판단하기 어렵다고 스스로를 위로하면서 팀장에게도 분명히 아이들이 있을 거라고 호언장담했다. 하지만 내심 불안했다. 50여 개의 후보지 중 이런저런 결격 사유로 제외되고 남은 곳이 몇 군데 없었다. 이런 상황에서 가장 가능성이 높은 후보지로 염두에 둔 세화 놀이터에서 아이 한 명 만나기 어려우니 내판단에 자꾸 의구심이 들었다. 설상가상으로 동네 할머니들까지 이 동네에는 아이들이 없다며 찬물을 끼얹었다.

2년 동안 미끄럼틀을 못 탔어요

결국 오늘 아이들을 만나지 못하면 내가 먼저 그만두겠다는 생각으로 동네를 샅샅이 헤집기 시작했다. 한 시간 남짓 돌아다녀도 동네에서 노는 아이를 찾지 못했다.

정말 공간이 문제일까? 진짜 문제는 시간 아닐까? 공간을 바꿔도 별다른 변화가 없으면 어쩌지? 정책과 법령을 고치는 일이 아니라 놀이터를 바꾸는 일이 정말 우리가 해야 할 일일까? 이런 저런 생각이 머릿속을 어지럽혔다.

그러나 결론은 이미 나와 있었다. 공간과 시간 모두 문제다. 하지만 시간은 아이들 공부와 맞물려 있으니 우리가 무언가를 시도하기 어렵다. 공간을 중심으로 우리가 할 수 있는 일을 하다 보면 시간에 관한 문제도 이야기할 수 있다. 놀이가 중요하다는 메시지를 전달하려고 아무리 애써도 이야기가 뒷받침되지 않는 메시지는 공허한 외침일 뿐이다. 손에 잡히는 일상의 영역에 놀이가 있으니 우리도 현실과 밀착된 활동을 해야 한다. 마침 서울시와 타이밍도 잘 맞으니 시험적으로라도 놀이터 개선 사업을 해야 한다.

후원금은 반드시 필요한 곳에 써야 하고 충분한 효과를 거둬야 한다. 그러므로 더 꼼꼼하게 검증하는 수밖에 없다. 아무도 가보지 않은 길이고 길 끝에 무엇이 있는지 알지 못하는 만큼 초반에 방향을 잘 잡아야 했다. 시간이 갈수록 몸과 마음이 지쳐갔다.

그때, 저 멀리 아이 둘이 보였다. 초등학교 4~5학년쯤 되어 보이는 남자아이와 여자아이였다. 남자아이는 자전거를, 여자아이는 킥보드를 타고 어딘가로 가고 있었다. 드디어 아이들을 만난 나는 들뜬 마음에 한달음에 달려갔다. 한참을 뒤따라가니 아이들은 골목길에 주차된 차를 피해 집 네 채 정도가 담을 맞대고 있는 네모난 블록을 계속 돌고 있었다. 무작정 다가가 말을 걸기가 어려워 일단 주변을 살폈다. 아이들이 노는 곳 옆에서 노인 몇 명이 담소를 나누고 있었다. 아이들이 위험한 행동을 하거나 시끄럽게 굴면 주의를 주기도 했다.

만면에 미소를 띠고 조심스럽게 다가갔다. 괜한 의심을 피하기 위해 직원 명찰이 잘 보이도록 옷매무새를 가다듬고 소속과 이름을 밝혔다.

"아저씨는 놀이터에 관심이 많은데, 이 동네에 놀이터가 없다고 해서 와봤어. 몇 가지 물어봐도 될까?"

아이들은 놀이터 이야기가 나오자 이내 경계심을 풀었다.

"이 동네에 놀이터가 없다고 하던데 맞아? 그럼 요즘 어떻게 놀고 있어?"

"맞아요. 우리 동네에는 놀이터가 없어서 재미가 없어요."

"이 근처에 세화 놀이터가 있다던데 가본 적 있어?"

아이들은 세화 놀이터의 존재 자체를 전혀 모르고 있었다. 놀이터는 있는데 놀이 기구는 2년 전에 철거되어 없다고 하자 이렇게 대꾸했다. "에이, 그런 게 무슨 놀이터야?"

"앞으로 아저씨가 놀이터를 만들려고 하는데, 어떤 놀이터가 생기면 좋겠어? 자주 놀러 올 거야?" 여자아이에게 묻자 눈이 목에 걸린 왕보석 목걸이만큼이나 초롱초롱해졌다.

"저는 미끄럼틀을 되게 좋아하는데요. 2년 동안 미끄럼틀을 타본 적이 없어요. 우리 학교에는 놀이터도 없고, 주말에는 부모님이 일을 하기 때문에 멀리 놀러간 적도 없어요. 놀이터가 생기면 꼭 미끄럼틀이 있었으면 좋겠어요. 매일 타고 싶어요."

여자아이는 내가 지금 당장이라도 놀이터를 만들어줄 것처럼 보였는지 신이 나서 대답했다. 그러더니 어디 학교에는 무슨 놀이기구가 있고, 어느 놀이터에는 뭐가 있는지를 놓고 남자아이와 옥신각신했다. 남자아이가 다니는 학교에는 다행히 미끄럼틀이 있다고 했다.

"그 학교 가서 타면 되겠네." 내 말에 여자아이는 너무 멀다고 대꾸했다.

"그럼 다른 놀이터에는 미끄럼틀이 없어?"

"근처에 놀이터가 없다고 했잖아요."

사실 세화 놀이터는 어느 초등학교와도 가깝다고 할 수 없는 애매한 위치에 있다. 더욱이 근방에는 아이들이 걸어서 갈 만한 거리에 놀이터가 없다. 조금 걸어가면 시장통에 봉화 놀이터가 있긴 하지만, 노숙자나 주취자가 점거한 지 오래여서 아이들이 갈 만한 곳이 아니었다. 잠시 있어보니 어른인 나도 오싹한 기분이 들었다.

"그럼 평소에는 오늘처럼 동네에서 많이 놀아? 재미있어?"

"오늘처럼 동네에서 놀긴 하는데, 주차된 차에 부딪히기도 하고 골목길에서 시끄럽게 논다고 자주 혼나요. 그래서 거의 집에서 동생이랑 놀아요. 빨리 놀이터가 생겼으면 좋겠어요."

아이들은 천진한 얼굴로 놀이터를 빨리 만들어달라고 했다. 나

2015년 1월 당시 세화 놀이터. 덩그러니 남겨진 빈 공간이 황량하다.

는 정확한 날짜를 약속할 수는 없지만 곧 만들 예정이니 자주 놀러오라고 말했다.

두 아이가 문을 열어준 것인지, 그후 몇 명의 아이를 더 만났다. 대부분 동네를 어슬렁거리거나 엄마와 함께 어딘가를 가고 있었다. 동네에 놀 공간이 충분한지, 노는 아이들은 많은지, 어디에서 주로 노는지, 짧게 몇 가지 질문을 던지고 답을 들었다.

이 아이에게 놀이터를 돌려주자

회사로 돌아오는 차 안에서 왈칵 눈물이 났다. 세화 놀이터를 다시 만들어야 할 이유를 찾은 기쁨이 컸다. 안개 속을 걷다가 한 줄기 빛을 본 기분이었다. 오늘 만난 아이들에게 놀이터를 돌려주고 싶다는 열망이 솟아났다. 물론 몇 안 되는 아이들을 만나 이야기를 들은 것만으로 놀이터를 다시 만들어야 할 이유를 찾았다고 하면 객관적이지 않다고 생각할 수도 있다. 하지만 마음속 확신을 갖기에는 충분했다.

사실 어떤 일을 할 때 거창한 꿈을 꾸며 시작하면 오래가지 못하는 것 같다. 예를 들면, '대한민국 아이들이 잘 놀 수 있는 세상을 만들겠다'와 같은 포부는 보기에는 그럴싸하지만 일하는 사람 입장에서 마음에 품기 쉽지 않다. 대신 '세화 놀이터에서 만난 여자아이를 위해 이 놀이터를 만들어야겠다'는 식으로 단순화하면 그 아이가 머릿속에 그려진다. 힘들 때 그 아이를 떠올리면 발을 내디딜 힘이 생긴다. 나아가 내가 지금 이 일을 왜 하는지 선명한 목적의식이 생긴다.

그래. 내가 하는 일은 그 아이들에게 놀이터를 돌려주는 일이야. 무슨 일이 생기든 무조건 하자. 놀이터를 다시 만들어보자!

이건
내 놀이터예요

룰루랄라. 여기에는 큰 미끄럼틀이 있어야겠지? 가운데에는 아이들이 맘껏 뛰어놀 수 있는 공터를 만들고, 어른들이 아이들을 괴롭히지 않게 어른들 공간은 이쯤에 놓아야지. 벽을 약간 세워 시선을 막아야겠다. 아이들은 숨어 있는 공간을 좋아하니까.

음, 지난번에 외국 사이트에서 본 이것도 참 좋던데, 여기쯤 놓으면 어떨까? 작은 구릉 같은 것을 설치하면 아이들이 더 신나게 놀 수 있겠지?

이미 나는 놀이터 디자이너였다. 서울시와 놀이터 개선 사업을 하기로 결정하고 대상지도 어느 정도 윤곽이 잡히자, 나는 공간을 어떻게 재미있게 바꿔서 아이들에게 돌려줄지 혼자 고민하기 시작했다. 웹사이트에서 외국 사례도 찾고 놀이터 디자인 책도 살펴보았다. 이전에 정한 '놀이터 만들기 원칙'이 실제 놀이터에서 구현된 사례를 찾으려고 노력했다. 특히 어떻게 해야 아이들이 놀이 기구가 아닌 공간에서 놀 수 있을지, 어떻게 하면 어른들의 시선에서 벗어나 자유롭게 놀 수 있을지 진지하게 고민했다.

나는 놀이터를 돌아다니며 보았던 틀에 박힌 디자인에 반발심이 일었다. 왜 대한민국의 모든 놀이터는 중세 성 모양의 조합놀이대가 가운데 떡하니 자리 잡고 있고, 공간이 좀 있으면 그네가 있고, 움직임이 적어 긴장감이 하나도 없는 시소와 유아용 말이 있을 뿐일까. 빈곤한 상상력에서 벗어나 새로운 디자인으로 우리 사회에 충격을 주고 싶었다.

미심쩍은 낌새가 보인 걸까. 팀장이 한두 번 지나가는 말로 주의를 주었다. "제충만 씨, 지금 디자인 신경 쓸 때가 아니에요. 우리가 누구랑 이 일을 할 수 있을지 제대로 된 파트너를 구하는 게 급선무예요." 그때마다 나는 듣는 둥 마는 둥 "네, 얼른 할게요"라며 넘겼다. 그러면서도 틈틈이 나름의 디자인을 발전시켰다.

당시 나의 놀이터에 대한 애정은 지나칠 정도로 과했다. 퇴근하고 집에 가서도 놀이터 디자인을 살펴볼 때가 많았다. 새집으로 이사하면서 인테리어를 고민하는 마음이었달까? 중랑구 아이들아 기다려라, 이 오빠(아니, 삼촌)가 너희들을 위해 아주 색다르고 재미있는 놀이터를 만들어줄게. 열정 과잉에 공명심과 자존심이 엉망으로 버무려져 무척이나 들뜬 상태였다.

하지만 터질 일은 언젠가는 터지게 마련이다. 파트너 미팅을 앞두고 작성한 기획안이 화근이었다. 기획안 말미에 디자인 예시라는 이름으로 지금까지 고민한 디자인을 조심스럽게 담았다. 사례 사진으로 내가 원하는 디자인을 설명할 생각이었다. 이 정도면 디자이너도 알아듣겠지?

"제충만 씨, 왜 이렇게 디자인에 집착해요? 디자인은 디자이너에게 맡기고 우리는 어떻게 하면 아이들의 의견을 잘 들을지, 어떻게 하면 주민들이 놀이터를 잘 관리할지를 신경 써야 한다고요. 놀이터 회사 차릴 거 아니잖아요!"

"팀장님, 그래도 가이드라인 정도는 제시해야 하지 않을까요? 기존 놀이터와 똑같은 디자인이라면 우리가 왜 이 일을 하는지 모르겠어요. 물론 아이들의 목소리를 듣는 것이 가장 중요하죠. 그래도 저는 같은 값이면 다홍치마라고 디자인도 새로워질 필요가 있다고 생각해요."

이 놀이터, 누구 거예요?

솔직히 팀장이 이해가 가지 않았다. 왜 이렇게 엄격하게 선을 긋는 걸까? 디자인을 직접 다 하겠다는 것도 아니고 가이드라인을 조금 제시하겠다는데 왜 이렇게 반응할까? 생각할수록 억울하

아이들이 좋아하는 놀이터는
화려한 놀이터가 아니라
친구가 많고 깨끗한 놀이터다.

⋮

고 분했다. 나중에 놀이터 디자이너가 될 사람도 어느 정도 가이
드라인이 있어야 편하게 작업하지 않을까? 대한민국 최초로 민관
이 협력해서 만드는 놀이터이고 아동 권리를 다루는 세이브더칠
드런이 만드는 놀이터인데, 아니 정말 솔직히 말해서 스터디만 몇
달 동안 하며 깨나 고민한 결과물인데 그렇고 그런 놀이터가 나오
면 안 되는 것 아닌가?

하지만 입장이 달라도 일은 진행해야 했다. "너희 생각이 좀 다
르구나. 그럼 일정을 좀 미뤄줄게. 의견을 맞추고 와." 이렇게 말할
상급자는 아무도 없다. 팀장과 나는 오전에는 각자 업무를 진행
하고, 오후에는 놀이터 개선 사업을 함께 할 파트너를 만나러 다
녔다. 돌아와서는 그날의 업무를 정리하고 이견이 있으면 대해 더
이야기를 나눴다.

어느 날 팀장과 단둘이 수원으로 출장을 다녀오게 되었다. 겨울
이라 해는 이미 졌다. 비가 내릴 조짐인지 주변은 어두웠고 차 안

에는 히터 소리만 가득했다. 운전대를 잡은 나와 줄곧 창밖을 바라보는 팀장, 어떤 이야기를 꺼내야 할지 조심스러웠다. 녹색 신호가 노란색 신호로 바뀔 때쯤 차를 조심스럽게 멈추며 이야기를 꺼냈다. 슬슬 파트너를 정할 시점이니 디자인에 대한 의견 차이를 좁혀야 하지 않겠냐고 했다. 팀장은 내 생각을 이야기해보라고 했다. 나는 평소 생각을 최대한 조리 있게 이야기했다. 물론 새로운 이야기는 아니었다. 한참을 잠자코 듣던 팀장이 한마디 던졌다.

"이 놀이터, 제충만 씨 거예요?"

나는 이게 무슨 선문답인가 싶어 순간 멈칫했지만, 곧 아차 싶었다. 팀장은 작심한 듯 이야기를 쏟아냈다.

"이번에 우리가 만들려고 하는 놀이터가 아이들이 주인이 되는 놀이터, 주민들이 주인이 되는 놀이터라고 하지 않았어요? 제충만 씨가 주인이 되면 기존의 놀이터 만드는 업자들이랑 다른 게 뭐예요? 아이들의 이야기를 들어야 한다고 해서 계획은 거창하게 짜놓고 실제로는 이미 답을 다 정해놓은 거잖아요? 진짜 하고 싶은 게 뭐예요, 제충만 씨. 놀이터를 디자인하고 싶은 거예요? 아이들에게 놀이터를 돌려주고 싶은 거예요? 디자인은 디자이너가 아이들과 주민들의 의견을 듣고 만들 수 있게 내버려둬요. 우리가 관여할 영역이 아니에요."

찔끔 눈물이 나올 뻔했다. 핸들을 잡고 있던 손이 파르르 떨렸다. 한동안 아무 말도 하지 못했다. 시끄럽게 돌던 히터를 껐다. 붉

은색 신호등이 어느새 녹색으로 바뀌었다.

"팀장님, 저 앞으로 다시는 디자인에 관해 이야기하지 않겠습니다. 누가 될지는 모르지만 디자이너가 아이들의 의견을 듣고 만드는 것이라면 어떤 디자인이 나오든 수용하겠습니다."

내가 몰랐던 진짜 놀이터 디자인

나는 스스로 아이들, 주민들과 함께 놀이터를 만들어야 한다고 계획을 세워놓고도 정작 아이들의 목소리, 주민들의 힘을 믿지 않고 있었다. 만약 팀장이 내 멋대로 하게 내버려두었다면 어떤 결과가 나왔을까? 또 하나의 괴물이 만들어졌을 것이다. 설사 운 좋게 아주 성공적인 디자인이 나온다고 한들, 기존의 놀이터를 만드는 과정과 다른 점이 전혀 없었을 것이다.

놀이터 디자인은 아이들의 놀이를 방해하는 요소나 심각한 안전 문제만 없다면 큰 영향을 주는 부분은 아니다. 사실 아이들은 디자인이 훌륭한 놀이터가 아니라 또래들이 많이 모이는 놀이터, 깨끗하고 어른들이 점령하지 않은 놀이터에 모이게 마련이다. 어지간한 디자인이면 아이들은 그 디자인을 활용해서 새로운 놀이를 만들 수 있다. 결국 충분한 놀이 시간이 확보되고, 친구들이 많고, 잘 관리되는 공간이 있으면 되는 것이다.

놀이터는 아이들과 주민들의 관심과 사랑, 주인의식을 먹고 자란다. 따라서 놀이터를 만드는 과정에서 아이들과 주민들이 온전한 주인으로 자리 잡을 수 있게 최대한 낮은 자세로 그들의 말에 귀 기울여야 한다. 그게 진짜 놀이터 디자인이다.

최고의
디자이너를
찾아라

"팀장님, 전문가 명단을 정리하니까 정확히 108명이에요. 이 안에서 우리 놀이터를 만들어줄 디자이너를 찾을 수 있겠죠?"

놀이터 디자이너를 찾는 일을 불교에서 말하는 백팔번뇌에 비견할 수 있을지 모르겠지만 당시 내가 받은 스트레스는 그에 비견할 만했다. 아무리 기획이 좋아도 디자이너를 잘못 만나면 전혀 엉뚱한 결과물이 나올 수 있다. 그런 일을 숱하게 봤고 세상 사람들은 그게 인복이라고 한다. 그렇다고 마냥 내 인복에만 기댈 수는 없다. 지성이면 감천이라고 발로 뛰며 찾아봐야 한다.

일단 인터넷 검색을 통해 관련 있어 보이는 전문가와 지금까지 만났던 사람들 명단을 정리했다. 서울형 공공조경가 그룹, 창의 놀이터 자문위원, 각종 놀이터 관련 심포지엄, 세미나 발표자들, 기존에 알던 사람들까지 정리하니 108명이다.

명단을 완성한 뒤에는 우리와 함께 일할 디자이너가 어떤 사람이어야 할지 역으로 생각했다. 너무 많은 조건을 내걸면 적합한 사람이 없을 테니, '이게 없으면 우리 놀이터 프로젝트가 아니다'라고 할 수 있는 기준만 정하고자 했다. 또한 우리 쪽이 아무래도 경험이 없으니 경험 많은 사람들과 함께하고자 했다. 그렇게 해서 네 가지 기준이 나왔다.

첫째, 아동과 주민이 참여하는 활동을 조직하고 진행해 놀이터를 설계할 수 있는가? 둘째, 놀이터 디자인부터 설계, 시공, 감리까지 전 과정을 진행한 사업 경험이 있는가? 셋째, 실제 설계를 진행했던 놀이터가 여전히 지역에서 잘 활용되고 있는가? 넷째, 놀이터 관련 전문가들로부터 전문성을 인정받고 있는가?

늘어나는 빨간 줄, 커져가는 부담

이런 까다로운 기준을 가지고 이미 알고 있던 전문가들과 서울시 공무원들에게 우선 도움을 요청했다. 그리하여 네 가지 요건에 맞을 것 같은 다섯 명을 추천받았다. 108명 중에 조건에 맞을 것 같은 사람들도 추려 따로 접촉했다. 주로 어떤 일을 하는 회사인지, 아이들을 중심에 놓고 놀이터를 만드는 게 가능한지 이야기를 하다 보면 어느 정도 윤곽이 잡혔다. 가능성 있어 보이는 곳은 노란 줄을 쳐놓고 직접 만나기로 약속했다. 그렇게 두 주가 흘렀다.

"제가 디자인은 자신이 있는데 혹시 아이들과 주민들을 만나는 활동은 다른 곳에서 해줄 수 없나요? 아무래도 부담이 돼서요. 세이브더칠드런에서 직접 해주실 수 있을 것 같은데, 아니면 구해주시면 가장 좋고요. 정 안 되면 제가 직접 구해보겠습니다."

"저희가 주민들과 함께한 사업이 참 많습니다. 그런데 공원이나 쉼터면 모를까 놀이터를 만들어본 적은 없어요. 아무래도 놀이터를 디자인하는 회사를 포함해야 할 것 같아요.

팔방미인을 찾기란 참 어렵다. 디자인에 전문성이 있으면 아이들, 주민들과 함께하는 과정에 부담을 느꼈고, 참여 활동 경험이 많은 곳은 놀이터를 만들어본 적이 없었다.

명단에 빨간 줄이 늘어날수록 적임자를 못 찾을 수도 있겠다는 생각이 들었다. 그래도 계속 찾아보기로 했다. 주민들을 직접 만나 이야기하면서 디자인하는 것과 "이런 이야기를 하더군요"라고 누군가 정리해준 내용을 전해 듣고 디자인하는 것은 분명 다르리라 생각했기 때문이다. 정 안 되면 그때 가서 두 분야에서 가장 뛰어난 전문가들을 조합하면 되겠지, 하는 일말의 자신도 있었다.

이들이 최고의 파트너인 이유

그러던 중에 몇몇 전문가로부터 추천받은 조경작업소 울의 김연금 소장을 만나러 갔다. 김연금 소장은 서울시 놀이터 관련 세미나에서 발표를 한 적이 있어서 전부터 관심이 있던 인물이었다. 나와 팀장은 부디 우리 사업에 맞는 디자이너이길 바라는 마음으로 부리나케 사무실로 향했다.

김 소장을 만나 인사를 나누고 본격적으로 이야기를 했다. 김 소장은 기본 계획을 보고 콘셉트를 정확히 이해했다. 주민들과 함께 작업한 경력이 많고 놀이터를 몇 차례 직접 만들어본 사람이라 이해가 남달랐다. 다만 아이들의 의견을 듣는 것은 중요하지만, 기획안에 나온 대로 여러 번에 걸쳐서 들어야 하는지는 잘 모르겠다며 난색을 표했다. 또, 각종 연구 자료에서 아이들의 놀이를 관찰한 결과가 많을 텐데, 굳이 디자이너가 아이들의 놀이를 직접 관찰하는 게 어떤 의미가 있는지 의아해했다. 마지막으로 동시에 두 군데 놀이터를 만들 여력이 될지 모르겠다며 우려를 표했다. 하지만 나는 김 소장의 우려에 오히려 마음이 놓였다. "다 가능하죠. 우리가 제일 잘합니다." 이런 반응보다 더 믿음직스러웠다.

미팅 후, 사업에 대한 이해나 전문성에 있어서 김 소장이 우리의 디자이너가 될 가능성이 가장 높다고 생각했다. 하지만 최종 관문이 남았다. 바로 김 소장이 실제 디자인한 놀이터를 아이들이 잘 이용하고 있는지 확인하는 과정이었다.

수소문 끝에 노원구의 한 놀이터를 찾아갔을 때는 날이 추워서인지 아이들이 없었다. 아파트와 빌라로 둘러싸인 놀이터를 한참 둘러보며 문제는 없는지 이곳저곳 꼼꼼히 살폈다. 전체적인 분위기를 파악하고 아이들의 흔적을 찾으려 노력했다. 내가 아이라면 이 공간을 어떻게 느낄지 상상해보았다. 그때 초등학교 고학년 여자아이 네 명이 나타났다. 학원 가기 전에 이곳에 잠깐 들러서 논다고 했다.

"오늘은 추워서 애들이 별로 없지만 평소에는 우리 아지트예요. 거의 매일 여기서 놀아요. 학교에선 축구하는 애들 때문에 놀 데가 없는데 여기서는 놀이 기구도 타고 모여서 이야기도 해요."

아이들을 보니 여기서 하루 이틀 논 것 같지 않았다. 놀이터 관리 상태도 양호했다. 주민들과 구청에서도 이 공간을 아끼는 것을 알 수 있었다. 2007년에 이 정도 놀이터를 만들었으니 중랑구에서는 더 잘하지 않을까? 이 정도면 두말할 것 없다. 합격!

이후 조경작업소 울에서는 아무래도 혼자 두 곳을 동시에 작업하기는 어려울 것 같다며 경기대 대학원 커뮤니티디자인연구소 이영범 교수를 추천했다. 우리는 네 가지 기준을 가지고 이 교수를 만났고 아주 만족스러웠다. 결국 조경작업소 울과 경기대 이영범 교수 팀을 최종 선발했다. 오랜 시간 까다로운 과정을 거친 만큼 우리의 안목은 틀리지 않았다.

아이들은 뛴다, 고로 존재한다

크게! 높게! 넓게! 무섭게!

피시방보다 놀이터가 재미있어요

좋은 놀이터와 나쁜 놀이터

서울숲 체험기

낙서, 놀이가 되다

내 놀이터를 만들어줘서 고마워요

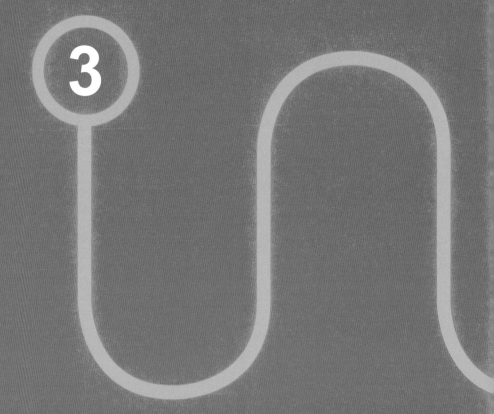

3

놀이터를
연구하다

아이들은 뛴다,
고로 존재한다

나는 어릴 적 뛰는 것을 참 좋아하는 아이였다. 엄마 심부름으로 슈퍼마켓에 갈 때도 절대 걸어가는 법이 없었다. 조금 천천히 뛰면 하루 종일 뛸 수도 있겠다 생각했다. 뛸 때 "이이~" 소리를 내는 것도 참 좋아했다. 너무 뛰어다닌 탓에 뒤꿈치 뼈가 떨어져 나가서 뛸 때마다 아파 한동안 고생하기도 했다. 지금도 이유를 잘 모르겠다. 어렴풋이 생각나는 건 숨 가쁘게 뛸 때 팟팟 뛰던 심장 소리와 하늘까지 닿을 것처럼 힘껏 뛰어보지만 이내 땅에서 몸을 당기듯 떨어지고 마는 느낌이 좋았다는 것이다.

하지만 어른이 되고 자동차와 지하철에 익숙해지면서 내가 어릴 적 얼마나 뛰는 걸 좋아했는지 잊었다. 가끔 헬스장 트레드밀 위에서나 어릴 적 본능을 일깨웠다. 그러던 중에 아이들의 놀이를 지켜보면서 나도 모르게 크게 박수를 쳤다. 맞다. 아이들은 뛰는 걸 좋아한다! 내가 그랬던 것처럼.

뛰는 아이들에게서 발견한 규칙

2차 어린이디자인워크숍은 철저히 아이들에게 자유롭게 놀 기회를 제공하는 것에 초점을 맞추었다. 1차 때는 아이들이 그림과 인터뷰를 통해서 디자이너에게 의견을 이야기했다면, 이번에는 한번 맘껏 놀게 풀어놓자고 했다. 아무런 개입이나 도움 없이 아이들 스스로 놀다 보면 아이들이 직접 몸으로 이야기할 것으로 기대했다. 상봉 놀이터 옆에 있는 어린이집 만 5세 반 여덟 명이 놀이에 참여했다.

"자, 이제부터 놀이 시작이에요. 30분 동안 놀 건데, 이거 해도 되는지 물어보지 않아도 돼요. 놀이터 밖으로 나가지만 말고 오늘 한번 맘껏 놀아요, 친구들."

선생님의 알림과 동시에 아이들은 뛰기 시작했다. "와아!" 누군가를 잡으러 뛰어다니기도 했고 그냥 몰려다니기도 했다. 이리 갔다가 "와아!" 소리 지르고, 저리 뛰어가면서 "와아" 소리 질렀다. 어떤 아이가 "애들아, 이거 봐!" 하면 또 "와!" 하면서 뛰어갔다. 특별한 규칙은 없어 보였다. 그야말로 여럿이서 떼를 지어 마구 뛰어다녔다. 나와 설계팀은 적잖이 당황했다. 아이들이 이런저런 역할놀이도 하고, 놀이 기구도 타고, 뭔가 다양한 놀이를 할 것으로 기대했는데 아이들은 정말 10분 내내 뛰기만 했다.

"아이들이 작은 원을 그리면서 뛰네요. 정확히 어느 정도 너비

놀이를 지켜보면서
나도 모르게 크게 박수를 쳤다.
맞다. 아이들은 뛰는 걸 좋아한다!

⋮

인지 나중에 한번 재봐야겠어요."

역시 김 소장의 눈은 매서웠다. 아무 규칙 없이 뛰어다닌다고만 여겼는데, 소장은 나름의 규칙성을 보고 있었다. 소장의 말대로 아이들은 원을 그리며 뛰고 있었다. 그리고 그 원은 어느 정도 너비를 가지고 있었다. 확인해보니 9.5미터 정도였다.

10분이 지나자 아이들은 차츰 주변에 관심을 보였다. 운동기구에 달라붙는 아이가 있는가 하면, 나무에 있는 흠집을 다 지우겠다며 작은 나뭇가지를 주워와 긁는 녀석도 있었다. 철봉에 매달리려고 계속 뛰는 아이, 저 멀리까지 가보는 아이도 있었다. 그 속에서도 아이들은 뛰었다 쉬었다를 반복했다.

"선생님, 힘들어요. 우리 언제 들어가요?"

20분이 지나자 드디어 한 아이의 입에서 힘들다는 이야기가 나왔다. 아이들의 놀이는 점점 다채로워지고 있었다. 운동기구에 매달려 있던 아이는 한두 번 넘어지면서 새로운 방식을 찾게 되자 한참을 뛰어가 저 멀리 있는 친구들을 불러 모았다. "애들아, 나 이

아이들의 놀이를 관찰한 결과, 약 9.5미터 크기의 원을 그리면서 뛴다는 규칙성을 발견
할 수 있었다.

런 거 한다. 한번 봐봐." 이쯤 되니 해먹 그네도 그냥 타지 않았다. 누워서 타려는 아이가 있고 친구랑 같이 타려는 아이가 있었다. 철봉도 그냥 매달리기보다는 봉을 잡고 뱅글뱅글 돌거나 봉과 봉 사이를 지그재그로 피했다. 가지각색이었다. 뛰어다니는 공간도 처음보다 확실히 넓어졌다. 시간이 지나면서 놀이가 점점 고차원적으로 변해갔다. 무엇보다 친구와 함께 놀려는 경향이 강해졌다. 뭘 하든지 친구를 불렀다.

"효준아! 이리 와봐!" "지은아 이리 와, 같이 놀자!" 아이들이 서로를 부르는 소리로 놀이터가 시끄러워졌다. 10분 동안은 그냥 꽥 꽥 소리를 지르기 바빴다면, 이제는 친구의 이름을 부르기 바빴다. 나무껍질을 긁던 아이도 친구들을 불러 모았다. 여덟 아이들이 각자 다른 나무를 붙잡고 껍질을 긁었다. 흙놀이를 시작하는 아이들도 생겼다.

아이들의 본능은 변하지 않는다

세상은 변해도 아이들의 본능은 변하지 않나 보다. 목청이 떠나가라 친구를 부르는 아이들을 보니, 어린 시절 친구네 집 앞에서 친구 이름을 부르던 기억이 떠올랐다.

2월의 날씨는 한낮이어도 다섯 살 아이들에게는 조금 추웠는지

"아이들에게 뛰지 말라고 하는 건
심장한테 뛰지 말라고 하는 것과 같아."

⋮
⋮

30분 정도가 되니 아이들 몇몇은 추위를 호소했다. 몇몇 아이들은 코끝이 빨개져서도 더 놀면 안 되느냐고 물었다. 아쉽지만 이날의 놀이 관찰은 거기서 끝났다.

집에 돌아오는 길에 동네 놀이터에 가보았다. 역시나 거대한 성 모양의 조합놀이대가 놀이터 중앙을 떡 하니 차지하고 있었다. 주변에는 다른 놀이 기구가 듬성듬성 설치되어 있었다. 그리 넓지도 않은 공간에 놀이 기구가 가득했다. 마치 '애들아 뛰지 마, 뛰면 다쳐. 너희들이 맘껏 뛸까봐 우리가 이렇게 놀이터를 빼곡히 채워놨어'라고 말하는 것 같았다.

아이들에게는 뛰는 것이 본능이고 뛰는 것만으로도 그토록 재미있게 노는데, 왜 뛰지 못하게 장애물처럼 놀이 기구를 설치해놓은 것일까 의아했다. 놀이 기구를 조금 줄이더라도 방해받지 않고 맘껏 뛸 수 있는 공간을 충분히 만들어줄 수는 없었을까?

비단 놀이터뿐만이 아니다. 생각해보면 아이들이 맘껏 뛸 수 있는 공간이 거의 없다. 아이들이 뛰는 것을 불안하게 보는 어른들은 길에서도 "차 온다. 뛰지 마!" 하고, 학교에서도 "다쳐. 뛰지 마!" 라고 이야기한다. 심지어 집에서도 층간 소음 걱정에 아이들에게 고양이처럼 얌전히 걸으라고 한다. 그러다 보니 뛰어다니려는 아이들의 본능이 정말 뛰지 말아야 할 곳에서 발현되곤 한다. 요즘 아이들은 예절을 모른다고 하기 전에, 아이들이 충분히 뛸 수 있는 환경을 만들어주었는지 고민해봐야 하지 않을까?

어린이에게도 어른과 똑같은 권리가 있다고 주장한 의사이자 동화작가이며 인권운동가였던 야누시 코르차크의 이야기를 다룬 《블룸카의 일기》에는 이런 구절이 있다. "아이들에게 뛰지 말라고 하는 건 심장한테 뛰지 말라고 하는 것과 같은 거야."

아이들은 뛴다, 고로 존재한다. 그래서 우리는 놀이 기구를 하나 빼더라도 반경 9.5미터 이상은 반드시 빈터로 만들기로 했다. 애들아, 여기서는 맘껏 뛰어!

크게! 높게!
넓게! 무섭게!

"자, 친구들. 이제 눈을 감아볼까요? 여러분은 오늘 상봉 놀이터 디자이너예요. 여러분이 제일 즐겁게 놀 수 있는 놀이터를 그려볼 거예요. 어떤 놀이터에서 가장 재미있게 놀 수 있을지 한번 상상해볼까요?"

'놀이터 디자이너로 초대합니다'라고 적힌 패널이 방 여기저기 붙어 있었다. 설계팀은 해바라기 선생님, 장미 선생님이라고 크게 적힌 앞치마를 입고 있었고, 아이들은 삼삼오오 둥그런 책상에 앉아 반 이름을 적은 팻말을 만지작거렸다.

"난 코스모스가 좋아." "난 장미 조 하고 싶어." 아이들은 오늘 무엇을 하는지보다 조 이름에 관심을 보이며 싱글싱글했다.

잠시 후 교사들이 아이들에게 '아무개 디자이너'라는 호칭을 적어주었다. 그리고 "문준호 디자이너님, 안녕하세요"라며 반갑게 인사했다. 아이들은 디자이너가 정확히 무슨 일을 하는지도 모르는 눈치였지만 신이 난 듯했다. 서로 친구의 이름에 디자이너를 붙여 인사했다. "민서가 디자이너래. 민서 그림 못 그리는데" 하며 웃기도 했다. 이윽고 놀이터 상상이 시작되었다.

정말 악어와 용을 원하니?

순진무구한 아이들은 정말 눈을 꼭 감고 상상의 세계로 들어갔다. 이따금 친구도 눈을 감고 있는지 확인하려고 살짝 눈을 뜨기도 했지만, 대부분은 얼굴을 찡그리며 눈을 질끈 감았다. 이따금 '키키' 하는 소리와 함께 "이거 재미있겠다"는 소리가 새어나왔다. 상상 속에서 아이들은 이미 디자이너였다. 사회자의 진행에 맞춰 아이들은 일제히 눈을 뜨고 흰 도화지에 놀이터를 옮기기 시작했다. 서툰 솜씨로 그린 그림은 삐뚤빼뚤했고 맘에 드는 색깔이 없다며 울상인 아이들도 있었지만, 진지하기는 여느 디자이너 못지않았다.

"여기는 물 미끄럼틀이에요. 막 내려오다 보면 물 때문에 무지 빨라져요. 중간에 버튼이 있는데 이걸 누르면 더 빨리 내려오는 거예요."

"얘가 제 동생이에요. 어제 싸워서 일부러 작게 그렸어요."

아이들은 진짜 디자이너라도 된 양 지구 놀이터, 하늘 놀이터,

디자이너가 되어 상상 속 상봉 놀이터를 직접 그려보는 아이들

아이들은 놀이터에서 모험을 즐기고 싶은 마음을 자신만의 방식으로 표현한다

순진무구한 아이들은
정말 눈을 꼭 감고
상상의 세계로 들어갔다.

⋮

리본 놀이터 등의 이름을 붙이고 신이 나서 설명을 늘어놓았다. 그림은 모두 달랐지만 대부분 우리가 익히 알고 있는 그네, 시소, 미끄럼틀 같은 놀이 기구로 채워져 있었다. 다만 보통 기구들이 아니었다. 모두 크거나 높거나 빨랐다. 미끄럼틀은 하늘에서부터 내려오는 정도는 되어야 했고, 바닷속에 놀이터가 있어서 삼치 정도는 꼬챙이로 잡아야 조금 특이한 축에 들었다. 성훈이라는 아이가 그린 놀이터에는 미끄럼틀 곁에 불을 뿜는 용이 있었다.

이래서 전문가들이 아이들의 의견은 별로 들을 필요가 없다고 한 건가 싶었다. "디자인은 전문가가 하는데 아이들에게 뭘 그리 많이 물어요?" "아이들은 말도 안 되는 요구를 할 게 뻔해요." 많은 전문가가 이런 지적을 했다. 아이들은 실제로 노는 것과 말하는 것이 달라서 곧이곧대로 믿어서는 안 된다는 말도 들었다. 막상 아이들을 마주하니 정말 그랬다. 아이들의 그림이나 이야기는 전혀 도움이 되지 않을 것 같았다.

하지만 세화 놀이터를 담당한 경기대 이영범 교수와 만나 이야기를 나누면서 아이들의 의견을 어떻게 받아들여야 하는지 힌트를 얻었다. 이 교수는 본인의 경험에 비추어 이런 이야기를 들려주었다.

"예전에 제가 놀이터 디자인을 담당한 학교에서 한 아이가 놀이터에 악어를 넣어달라고 했습니다. 처음에는 이게 무슨 황당한 소린가 해서 무시하려고 했는데 곰곰이 생각해보니 아이가 정말 원하는 게 악어일까, 하는 생각이 들더군요. 아이가 악어를 통해 무엇을 말하고 싶어 하는지 알아보아야 했습니다. 다른 아이들이 자신들이 원하는 학교 놀이터로 수영장이나 물 놀이터를 언급하는 걸 보고 악어가 물에 대한 갈망일 수도 있겠다고 생각했죠. 그래서 "놀이터에 물이 있었으면 좋겠구나? 긴장감이 있었으면 좋겠니?" 하고 아이에게 한 번 더 물으려고 노력했습니다. 그럴싸한 악어 모형을 갖다놓는다거나 '말도 안 되는 소리'로 치부하는 건 아이들의 마음에 정말로 귀를 기울이는 게 아니죠."

"썬더 놀이터가 있었으면 좋겠어요. 버튼을 누르면 속도가 엄청 빨라지는 미끄럼틀이 있어야 해요."

"놀이터를 더 크게 해주세요. 지구만큼, 우주만큼요."

"여긴 물고기 놀이터예요. 삼치, 오징어, 상어, 잠수함, 거북이가 있어야 해요."

아이들의 의견을 해석하는 법

아이들의 이야기를 어떻게 해석해야 할지 비로소 감이 잡혔다. 아이들은 어른들보다 황당무계하고 비현실적이지만 훨씬 더 솔직하다. 놀이터에서 모험을 즐기고 싶다, 놀이터에서 새로움을 맛보고 싶다는 이야기를 조금 재미있게 표현한 것뿐이다.

우리는 아이들의 그림에서 속마음을 읽어내려고 노력했고, 이를 계기로 삼아 아이들과 대화를 나누었다. 이런 과정을 통해 아이들은 디자이너로서 놀이터 만들기에 직접 참여한다고 느꼈고, 묻고 답하는 과정에서 존중받고 있다고 느꼈다. 물론 우리도 디자인의 힌트를 얻을 수 있었다.

하지만 이런 과정을 거쳤다고 아이들을 100퍼센트 만족시킬 수 있는 것은 아니다. 상봉 놀이터는 아이들의 모험 욕구를 받아들여 대한민국 안전기준 내에서 가장 높은 미끄럼틀을 만들었다. 하지만 실제 개장 후 몇 번 타본 아이들의 반응은 이랬다. "완전 높은 미끄럼틀이 생기는 줄 알았는데 아쉬워요. 기왕 만들 거 좀 더 높이지 그랬어요?"

이 아이들은 언제쯤 만족하려나? 역시 하늘에서 내려오는 미끄럼틀을 만들었어야 했나?

피시방보다
놀이터가
재미있어요

나는 호기롭게 직접 올라가겠다고 했다. 하지만 2층 높이의 나무를 오르는 게 쉬운 일은 아니다. 자꾸만 좌우로 달그락거리는 게 사다리인지 내 다리인지 모르겠다.

"꽉 잡아주세요!"

중간쯤 올랐을 때 밑을 내려다보며 숨을 크게 내쉬었다. 사다리를 잡고 있던 이종원 디자이너는 내 모습이 영 엉성해서인지 애처로워서인지 본인이 올라가겠다며 나더러 내려오라고 했다. 나는 냉큼 제안을 받아들였다. 솔직히 말해 겁이 났다.

겨울이 가고 봄의 기운이 느껴지는 2월의 어느 토요일 아침, 나는 세화 놀이터에서 초록 그물과 씨름하고 있었다. 아이들의 놀이를 관찰하기 위해 큰 고무공이 들어간 그물과 작은 고무공이 들어간 그물 두 개를 나무에 설치하고, 나무와 나무 사이에 그물로 해먹을 설치하는 작업이었다. 일명 초록 그물 정복 작전! 아이들의 놀이 행태를 관찰해 놀이 성향과 특징, 잠재 욕구를 읽어내려는 임시 놀이터 프로젝트였다. 3년 전에 놀이터가 폐쇄되어 아무것도 없는 빈터에서 아이들이 놀이터가 완성되기 전에라도 잘 놀 수 있었으면 좋겠다는 마음도 담겨 있었다.

이종원 디자이너는 나무 위로 척척 올라갔다. 사다리가 닿는 곳뿐 아니라 사다리가 닿지 않는 곳에서도 굵은 나뭇가지에 매달려 작업을 계속했다. 흡사 원숭이 같았다.

"아니, 대표님. 어떻게 그렇게 나무를 잘 타세요?"

나는 그를 경이로운 눈길로 바라보며 졸졸 따라다녔다.

"어릴 적 나무 타던 실력이 녹슬지 않았네요. 제 대리님도 놀이 캠페인 하신다면서 나무 하나 못 타서 되겠어요?"

나는 그물을 나무에 휙휙 감고 케이블 타이로 �꽉 묶은 다음 그물에 매달려보았다. 그렇게 초록 그물 세 개를 설치했다. 하춘 팀장은 테이블을 설치하고 간단한 다과와 아이들이 의견을 적을 수 있는 종이를 준비했다. 준비는 끝났다.

그때 이종원 디자이너가 한달음에 달려왔다. "자, 애들 맞을 준비하세요." 희색이 만면하다. 대낮부터 피시방에 가는 한 무리의 아이들을 재미있는 놀 거리가 있다며 꾀어온 것이다. 아니나 다를까, 저 멀리서 피리 부는 사나이에게 홀린 것처럼 아이들이 굴비 두름 딸려 오듯 줄을 지어 걸어왔다. 초등학교 고학년으로 보이는 남자아이 네 명과 여자아이 세 명이었다. 아무리 봐도 이 디자이너,

참 능력자다.

공 두 개로 벌이는 온갖 놀이들

아이들은 인사도 없이 우르르 달려가 가장 큰 고무공에 매달렸다. 타잔놀이였다. 우리는 위험한 상황만 생기지 않으면 개입하지 않고 죽 지켜보기만 했다.

나이가 많고 덩치가 큰 형이 풀쩍 뛰어서 큰 공에 매달렸다. 자기 몸만 한 고무공에 매달려 이리저리 움찔거려도 미동도 않자 혼자서는 안 되겠는지 다른 아이들을 불러서 밀어달라고 했다. 아이들은 이쪽저쪽에서 큰 공을 밀었다. 형은 "어어, 아아!" 하면서 공이 왔다 갔다 할 때마다 긴장감 넘치는 롤러코스터를 타는 듯 소리를 질렀다. 나머지 아이들도 있는 힘껏 공을 밀었다. 돌아오는 공에 맞기도 했다. 형이 공의 반동을 못 이겨 모래판에 나동그라지자 아이들은 재미있어서 기절할 지경이었다.

이번에는 키가 훤칠하게 큰 여자아이 차례였다. 아이는 바짓단을 걷고, 안경테를 귀에 단단히 고정하며 매무새를 가다듬었다. 그러고는 공에 깡충 매달려 아이들에게 밀어달라고 소리쳤다. 자매로 보이는 어린 여자아이 하나도 "언니랑 같이 탈래" 하면서 공에 매달렸지만 뛰는 힘이 약해서 고무공에 부딪혀 떨어지고 말았다.

이때 다른 여자아이가 훌쩍 아이를 들어 이미 타고 있던 여자아이 반대편에 올려놓았다. 공이 두세 차례 왔다 갔다 하자 손에 힘이 빠졌는지 쿵 하고 모랫바닥으로 떨어졌다. 그래도 아이는 모래를 툴툴 털며 신이 나서 "나 또 탈래, 또 탈래" 하고 매달렸다.

그렇게 아이들은 나름의 순서를 지키며 큰 고무공을 가지고 놀았고 나는 어디까지 밀어달라며 친구와 타협했다. 처음에는 매달려서 타더니 어느 순간 매달리는 방법도 이런저런 모양으로 달라졌다. 공을 미는 아이들도 능숙해지자 공의 반경이 점점 커졌다. 정말 짜릿해 보였다. 한참을 큰 공에서 복닥대던 아이들은 이제 다른 놀이 기구에 관심을 보였다.

그물에 들어간 작은 고무공은 아이들의 축구 도구가 되었다. 아이들은 큰 고무공과 마찬가지로 몇 차례 공에 매달려보았다. 하지만 공이 작아서 제대로 매달리기 어려웠다. 그러자 이번에는 손으로 던지며 주거니 받거니 했다. 아직 팔 힘이 세지 않은 아이들은 그물 안에 들어간 공을 좀 버거워했다. 이내 박진감이 떨어지자 이번에는 발로 차며 놀았다.

적당한 높이에 달린 공은 아이들이 발로 차고 놀기에 안성맞춤이었다. 아이들은 번갈아 공을 찼다. 제대로 못 차도 재미있었고, 제대로 차서 공이 높게 올라가도 재미있었다. 간혹 공을 잘 차서 다른 친구를 맞히기라도 하면 웃음이 쏟아졌다.

그러다가 한 남자아이가 멀리서부터 쏜살같이 달려와서 공을 뻥 차자 공과 함께 그물이 나뭇가지에 걸려버렸다. 놀이 정지? 아니, 새로운 놀이가 시작되었다. 아이들은 금세 눈이 초롱초롱해져서 나뭇가지에 매달린 공에 시선을 고정하고 갖은 방법을 상상하기 시작했다. 다른 놀이를 하던 아이들까지 불러 모아 머리를 굴렸다.

이렇게 해보면 어떨까 제안하는 아이도 있고, 후다닥 달려가서 돌을 가져와 일단 던지고 보는 아이도 있었다. 아이들은 다른 공을 발로 차서 맞혀보려고도 하고, 긴 나뭇가지를 찾으러 돌아다니기도 했다. 어디서 구했는지 싸리 빗자루를 공중에 휘두르며 낑낑대기도 했다. 그렇게 신나 보일 수가 없었다. 실패할 때마다 "아아" 소리를 내면서 모두 한마음으로 공이 돌아오기를 바랐다.

혼자 할 수 없는 그네 놀이

나는 도와줄까 하다가 공이 나뭇가지에 걸리자 아이들이 새로운 놀이를 만들어내는 것 같아 일단 아이들이 도움을 요청할 때까지 기다리기로 했다. 그때 한 아이가 공이 매달린 나무 옆에 있는 바위에 올라가서 "얏" 하며 뛰어올라 싸리 빗자루로 공을 쳤다. 문제는 반대로 치는 바람에 공을 감싼 그물이 한 바퀴 더 돌아 나뭇가지에 한 번 더 감겼다. "우하하!" 웃음이 터져 나왔다. 그물을 한 바퀴 더 감아버린 아이도 한참을 웃더니 더 이상은 안 되겠는지 싸리 빗자루를 넘기며 도와달라고 했다.

싸리 빗자루를 쥔 나도 바위 위로 올라가서 "앗" 하며 빗자루로 공을 쳤다. 공은 순식간에 반원을 그리며 최고 높이까지 올라갔지만 이내 원래 방향으로 다시 내려왔다. "에이, 뭐예요." 실망하는 소리가 여기저기서 들렸다. 재도전. 이번에는 아까보다 더 세게 내려쳤다. 하지만 여전히 공은 정점에 이르렀다가 원래 방향으로 떨어졌다. 힘이 문제가 아니라 그런 방식으로는 공이 내려올 것 같지 않았다. 이번에는 콕 찔러봤으나 실패였다. 옆에서 지켜보고 있던 아이들도 키는 멀대같이 큰데 공 하나 못 꺼낸다며 낄낄 웃었다. 놀림이 이만저만이 아니다. 결국 이종원 디자이너가 사다리를 타고 올라가 공을 꺼냈다.

큰 공과 작은 공이 처음부터 아이들의 관심을 끈 데 반해 해먹에는 아무도 관심을 보이지 않았다. 그런데 한두 아이가 잠시 쉬려고 해먹에 누웠다가 생각보다 반동이 큰 것에 놀라면서 놀이를 시작했다. 여자아이 하나가 해먹에 누워 혼자 끙끙대다가 이내 친구를 불렀다. 절대 혼자서는 탈 수 없는 게 해먹 그네다. 혼자 아무리 발버둥 쳐봐야 핑그르 돌아 떨어지기 십상이다. 재미있게 타려면 친구들의 도움이 필요했다.

"지은아, 나 이것 좀 밀어줘."

© CLD / Park Jun Yeong

혼자 이용하기 어려운 놀이 시설의 특징을 살리자 독점하려는 현상이 자연스럽게 사라
졌다

아이는 친구들을 불러서 밀어달라고 부탁하고 누워 타다가 나중에는 세 명이 나란히 앉아 탔다. 지그재그로 밀어서 흔들림을 더하기도 했다. 팔베개를 하고 길게 누워 편히 쉬려는 아이가 있으면, 다른 아이 몇 명이 소리를 지르며 날려와서 누운 아이 머리 쪽에 한 명, 엉덩이 쪽에 한 명 하는 식으로 죽 눕더니 한쪽으로 그네를 밀어서 와르르 떨어지기도 했다. 그래도 좋다고 숨이 찰 정도로 낄낄거렸다.

나와 설계팀은 아이들이 공중에서 떨어지지는 않을까 노심초사했지만, 아이들은 뭐가 걱정이냐는 듯 떨어지는 긴장감 자체를 즐겼다. 다행히 아무도 다치지 않았고, 한참 지나자 몇몇 아이들은 정말 피곤했는지 해먹에 누워 쉬었다.

뛰면서 놀아본 게 처음이에요

아이들은 한 시간 반가량 맘껏 놀았다. 이쯤 되자 공을 가지고 공터에서 활발하게 뛰어다니며 노는 아이들과 해먹에서 친구와 함께 그네를 살살 밀며 쉬엄쉬엄 노는 아이들로 나뉘었다. 또 새로 설치한 그물 놀이 말고도 분필로 바닥에 도라에몽 그림을 그리는 아이, 어디서 가져왔는지 곡괭이로 모래를 파는 아이, 혼자 스케치북에 그림을 그리는 아이 등 다양한 모습이 나타났다. 그중에

170

서 가장 신기했던 것은 휴대전화 케이스 놀이였다.

한참 공놀이를 하던 아이들이 지쳤는지 탁자에 모였다. 한 아이가 거기에 있는 풍선을 한참 불더니 학교에서 친구에게 배웠다며 휴대전화를 부푼 풍선 안에 우겨 넣었다. 그러면서 살살 바람을 빼니 마치 풍선이 휴대전화 케이스처럼 되었다. 아이들은 모두 신기해하며 각자 들고 있던 휴대전화를 꺼내 그 친구에게 놀이 방법을 배웠다. 중간에 풍선이 터지기도 하고, 조절을 잘 못해서 바람이 제대로 들어가지 않기도 했다. 하지만 이내 다들 성공했다. 그 다음에는 탁자에 휴대전화를 떨어뜨리면서 케이스 성능을 시험하는가 하면, 실제 전화도 걸어보면서 잘 되는지 확인했다. "아, 이건 다 좋은데 사진을 못 찍겠네." 한 아이가 안타까운 투로 말했다. 요즘 아이들은 이런 식으로 새로운 놀이를 개발해서 노는구나.

정해진 시간이 끝나 우리가 정리를 시작하자 아이들은 아쉬운지 언제 또 오느냐고 물었다.

"여기 언제 또 와요? 피시방 안 가고 여기 오길 잘했어요. 이런 게 있는 줄 꿈에도 몰랐어요. 우리 동네에는 놀 데가 별로 없어서 피시방에 가요. 이렇게 뛰면서 놀아본 게 처음이에요. 제 인생에서 제일 재미있는 날이었어요. 다음에 꼭 다시 와요."

마음이 아팠다. 불과 몇 시간 자유롭게 놀 수 있게 풀어주고, 놀거리를 조금 만들어주었을 뿐인데 아이들은 아주 만족해했다. 주변 놀이 환경이 얼마나 척박하면 이 정도의 변화에 이렇게 크게

만족하는 걸까. 즐겁게 놀아주어 고마운 한편으로 안타까운 마음
도 들었다.

기능은 살리고 폐해는 줄인다

이날의 놀이 관찰은 '아이들이 신나게 놀더라'로 끝나지 않았
다. 이영범 교수는 놀이 관찰을 통해 기존 그네 종류의 놀이 기구
가 지닌 단점을 보완할 힌트를 얻었다. 사실 우리가 만난 어른들
중에는 그네를 싫어하는 사람이 꽤 많았다. 그네의 특성상 한 아
이가 독점하면 다른 아이들은 마냥 기다릴 수밖에 없고, 그러다
보면 자주 싸움이 일어나기 때문이다. 또한 안전 기준이 까다로워
공간도 꽤 많이 차지한다.

하지만 이번에 임시로 설치한 놀이 기구들은 모두 혼자 독점하
기 어려운 특성을 지니고 있었다. 함께 타야 더 재미있는 기구라
아이들은 자연스럽게 친구들을 불러 도움을 청했다. 친구 관계가
활성화되도록 유도한 것이다. 이 교수는 놀이 기구의 형태를 조금
만 다르게 접근하면, 놀이 기능은 비슷하게 살리면서 독점하는 폐
해도 충분히 해결할 수 있을 것 같다고 했다.

이런 관찰 결과를 반영해 세화 놀이터에 진짜 그물망 그네를 만
들었다. 초록 그물은 아니지만 단단한 빨간색 그물을 매달 나무

기둥을 양 갈래로 세워 더 안전하고 넓게 만들었다. 그물망 그네는 설치되자마자 아이들의 인기를 독차지했다. 대여섯 명의 아이들이 올라가서 서로 몸을 부대끼며 신나게 타기도 하고, 유모차를 끌고 나온 어머니가 아이를 눕히고 천천히 밀어주기도 했다. 피시방 게임보다 뛰어노는 게 더 재미있다던 아이들은 이 놀이 기구가 본인들 때문에 만들어진 사실을 알까?

좋은 놀이터와
나쁜 놀이터

아이들은 놀이터에서 무엇을 할 때 가장 재미있다고 느낄까?

놀이터를 만들면서 강조했던 것 중 하나가 바로 놀이 관찰이다. 과학적인 환경에서 아이들의 놀이를 관찰하는 거창한 실험이 아니라 아이들이 실제 놀이터에서 어떻게 노는지 살펴보는 것이다. 놀이 관찰을 강조한 이유는 크게 두 가지다. 첫째는 아이들이 어떤 경우에 놀이터에서 재미있어 하는지 살펴보고 그걸 극대화하기 위해서다. 둘째는 디자이너가 아이들의 놀이와 분리된 디자인을 하지 않게 하기 위해서다.

놀이를 관찰하는 이유

아이들이 놀이터에서 재미있어 하는 요소를 극대화하려는 시도

'터'의 개념에 충실할 때
놀이터 생명력이 길어진다.

⋮
⋮

는 아이들과의 만남 덕분이다. 내가 만난 많은 아이들은 놀이터가 재미없다고 했다. 왜 재미없느냐고 물으면 "식상해요", "지루해요"라고 했다. 하지만 아이들이 놀이터에서 늘 식상해하고 지루해하는 것은 아니었다. 재미있게 노는 경우도 분명 있었다.

세상에 완벽하게 재미있는 놀이터는 있을 수 없다. 하지만 놀이 관찰을 통해 아이들이 놀이터에서 재미있어 하는 순간을 잘 포착하고 이를 극대화하면, 아이들이 더 좋아하는 놀이터에 가까워지지 않을까 생각했다. 이런 과정에서 놀이터 디자인이 개선될 것으로 기대했다.

지나치게 특이하거나 외형만 아름다운 디자인에만 초점을 맞추는 일도 막고자 했다. 요즘은 놀이터를 만들 때 놀이 본연의 가치와 기능에 집중하기보다는 특이해 보이는 디자인이나 겉포장에 치중해 놀이와 별개인 놀이터를 만드는 경우가 많다.

2005년 실시한 새로운 놀이터 프로젝트가 대표적이다. 기존의 놀이터가 식상하다는 문제의식을 안고 미술가와 조각가 들이 투입되었다. 아이들의 오감과 상상력을 자극해 예술적 감수성을 키운다는 명분으로 홍대에 특이하고 신기한 놀이터를 만들었다. 하지만 거기까지였다. 하이힐 미끄럼틀 같은 특이한 놀이 기구는 아이들에게 가장 많은 표를 받아서 도입되었으나 실제로 놀아본 뒤에는 선호도가 많이 떨어졌다. 특이한 놀이 기구가 막상 놀기에는 썩 좋지 않았기 때문이다. 그래서였을까? 몇 년 지나니 동네 골칫거리로 전락해 사라지고 말았다.

서울시의 상상어린이공원 사업도 마찬가지였다. 놀이터에 대한 진지한 고민 없이 새로움만 추구한 결과 디자인만 화려해졌다. 전래동화 놀이터, 감성 놀이터, 과학 놀이터, 환경 놀이터, 기후 놀이터 등 다양한 콘셉트로 화려한 디자인을 하다 보니 제작비가 기하급수적으로 올라갔다. 결과적으로 놀이터 조성 비용만 올라가고 고장이 나도 고치기 어려웠다. 심지어 놀이터에서 과학과 기술을 배우게 하려는 교육적 시도도 추가되었다. 그러나 그만큼 아이들의 놀이가 풍성해지지는 않았다. 그저 어른들 보기에 좋은 놀이터가 되었을 뿐이다.

화려할수록 외면당한다

형형색색의 화려하고 특이한 놀이 기구가 많으면 아이들이 좋아할 거라는 생각은 착각이다. 처음에는 화려하고 특이한 디자인

놀이터를 설계할 때는
놀이 본연의 기능에
충실해야 한다.

⋮
⋮

에 끌리지만, 시간이 지나면 별로 흥미를 느끼지 못한다. 너무 특이하면 낯설어서 안 가는 경우도 많다. 또한 화려한 치장이 놀이의 다양성을 제한하기도 한다. 우리가 어릴 때 디자인이 화려하고 기구가 알록달록해서 좋아했던가 생각해보면 그게 아니라는 사실을 쉽게 알 수 있다.

아이들의 놀이를 관찰한 결과, 놀이터는 아이들이 모여서 노는 공간이라는 '터'의 개념에 충실할 때 생명력이 길어진다. 아이들은 놀이 기구를 타기 위해 놀이터에 오는 것이 아니라 친구들과 놀기 위해 온다. 놀이 기구는 여긴 아이들의 공간이라는 사실을 보여주는 깃발 역할을 할 뿐이다. 그래서 오로지 디자이너의 머릿속 상상을 통해 나온 디자인은 자칫 디자이너 개인의 욕망을 실현하는 실험 작품으로 전락할 가능성이 있다.

순수하게 놀이를 목적으로 삼지 않고 놀이터에서 뭔가를 배우기를 바라는 불온한 생각은 더 위험하다. 따라서 놀이터를 설계할 때는 현장에서 아이들의 놀이를 직접 관찰하고 놀이 본연의 기능에 충실한 디자인을 해야 한다. 놀이 관찰에 중점을 둔 것은 그 때문이다. 기존의 실패를 반복하고 싶지 않았다.

하지만 우리가 계획한 놀이 관찰에도 한계가 있었다. 아이들의 놀이를 관찰할 놀이터가 충분하지 않았기 때문이다. 우리가 개선 사업을 진행할 놀이터는 이미 놀이 기구가 철거되어 아무것도 없는 맨땅이고, 동네 놀이터들은 죄다 똑같아서 다양한 놀이를 살펴보기에 적합하지 않았다. 아이들을 다른 동네 놀이터에서 뛰어놀게 하다가는 민원이 발생할 소지도 있었다.

설계팀도 답답했을 것이다. 세이브더칠드런에서는 놀이 관찰을 하라고 계속 요구하는데 마땅한 공간과 방식이 떠오르진 않았을 테니 말이다.

서울숲 체험기

"아무래도 서울숲으로 아이들을 한번 데리고 가야겠어요."

김연금 소장의 말에 왜 서울숲일까 의아했다. 서울숲은 대형 공원으로 우리가 생각하는 놀이터와는 환경 자체가 다르기 때문이다. "소장님, 서울숲은 엄청 큰 공원 아닌가요? 거기서 노는 방식과 동네 놀이터는 다를 것 같은데."

"제 대리님, 서울숲 한 번도 안 가보셨죠? 거기 놀이터가 엄청 많아요." 알고 보니 서울숲에는 대형 공원뿐 아니라 환경 놀이터, 숲 놀이터, 물 놀이터, 조합 놀이터 등 다양한 놀이터가 많았다. 각기 다른 환경에서 아이들이 어떻게 노는지를 관찰하기에 최적의 장소였다.

놀면서 문제를 해결해나가다

2월 초, 바람이 쌩쌩 불지는 않았지만 가만히 있으면 몸이 오들 오들 떨렸다. 그래도 햇볕이 드는 곳에 있으면 버틸 만했다. 인근 지역아동센터 두 곳에서 마흔네 명의 아이들과 버스 두 대를 나눠 타고 서울숲에 도착했다. 문이 열리자마자 아이들이 와자지껄하며 우르르 내린다. 부모들이 어찌나 꽁꽁 싸매서 보냈는지 형형색색 외투로 두툼하게 무장한 아이들을 보자 통통 튀는 공이 생각났다.

나와 설계팀, 그리고 오늘 아이들의 놀이 관찰을 함께 맡기로 한 pxd 직원들은 잔뜩 긴장해 있었다. 이렇게 많은 아이들을 오후 내내 데리고 다녀야 한다는 중압감 때문에 다들 얼굴에 긴장이 서려 있었다. 이미 현장에서 회의를 거친 상태였지만, 흥분한 아이들을 마주하자 머릿속이 하얘졌다. 회의 때 정한 대로 지역아동센터 별로 색깔이 다른 형광 조끼를 나눠주고 그 안에서 다시 저학년과 고학년을 나누었다. 총 네 개 조가 만들어졌고 각 조별 담당자를 선정했다. 혹시 모를 안전사고에 대비해 이름표를 형광 조끼 앞에 붙였다.

"우리 뭐 하고 놀아요? 우리 오늘 종일 놀기만 하는 거예요? 아저씨는 누구예요?"

아이들은 이미 들떠 있었다. 들끓는 에너지를 못 이겨 친구와 몸을 부딪치며 노는 아이들도 많았다. 6학년 정도 된 아이들은 처음

아이들이 서울숲 놀이 체험 후 점수를 매기고 있다. 아이들의 평가는 우리가 짐작한 부분과 많이 달랐다.

에는 "이게 뭐야, 유치하게" 하는 얼굴빛이었지만 밖에 나와 친구들과 푸닥거리더니 이내 장난기를 되찾고 제일 먼저 달려나갔다.

아이들은 겨우내 실내에만 틀어박혀 있었는지 바깥 활동에 신이 나 보였다. 줄을 맞춰서 짝과 손을 잡고 가자고 해보았지만, 이미 몇몇 아이들은 줄을 벗어나 뛰면서 소리를 지르기 시작했다. 여자아이 몇 명이 내 팔을 붙잡고 매달렸다. 이렇게 덩치 큰 선생님을 보는 것 자체가 매우 신기한 일이라는 듯이 선생님은 누구고 키는 몇이냐고 질문을 한가득 쏟아냈다. 순간 아이들을 통제해야 하나 싶었지만, 공원이기도 하고 신나는 놀이를 위한 준비운동이겠거니 생각하고 함께 웃으며 걸어갔다.

네 팀이 각자 흩어졌다. 나는 저학년 아이들과 함께 갔다. 1학년에서 3학년으로 이루어진 아이들은 숲속 놀이터에 가장 먼저 도착했다. 숲속 놀이터에는 둔덕을 이용한 2단짜리 긴 미끄럼틀과 그 앞으로 넓은 모래 놀이 공간이 있었다. 중앙에는 다른 놀이터에서도 흔히 볼 수 있는 조합놀이대가 있다. 거대한 2단 미끄럼틀을 타려면 둔덕을 계단으로 오르거나 줄을 이용해 올라야 했다. 활짝 펼쳐진 공간에 아찔하게 높은 미끄럼틀이 모험심을 자극했는지 아이들은 도착하자마자 정신없이 "대박! 대박!"을 외치며 모두 높은 미끄럼틀로 올라갔다.

처음에는 일반적인 방식으로 미끄럼을 타던 아이들은 시간이 지나자 함께 타기도 하고 봉을 이용해 속력을 높이기도 했다. 중간에 꺾이는 부분에서 잠깐 멈춰서 춤을 추기도 하고, 어린 동생들이 무서워 내려가지 못하면 도와주기도 했다. 그렇게 한마음으로 10분 정도 미끄럼을 타고 나서야 다른 기구는 뭐가 있나 둘러보았다. 아이들의 놀이가 분화되기 시작했다.

아이들은 다 같이 모여 무슨 놀이를 할지 이야기했다. 주도적인 아이 몇이 옥신각신한 끝에 긴 미끄럼틀과 조합놀이대를 이용해 얼음땡 놀이를 시작했다. 처음에는 규칙을 합의하지 못해 실랑이가 오갔다. 남자아이들과 여자아이들이 패가 갈려 서로 비난하기도 했다. 하지만 놀이가 무르익자 갈등은 금세 사라졌고, 아이들은 떼로 몰려다니며 신나게 얼음땡을 했다. 잡고 잡히고 뛰고 미끄러지고.

처음에는 공간을 좁게 쓰던 아이들이 신나게 달리다 보니 점점 반경이 넓어졌다. 그러다 술래들이 힘들어하자 자기들 나름대로 규칙을 정해서 놀이 반경을 제한하기도 했다. 그렇게 크고 작은 문제를 해결해가는 아이들을 보고 있자니 뿌듯한 마음이 들었다. 넓은 공간에서 열 명이나 되는 친구들과 맘껏 뛰어본 경험이 별로 없었는지 아이들은 정말 유쾌해 보였다.

왜 얼음땡 점수가 가장 높을까

하지만 놀이에 끼지 못하는 아이들이 있었다. 바로 미연이와 송이였다.

미연이는 또래보다 몸집이 작았다. 긴 미끄럼틀에서도 무섭다며 한 번에 내려오지 못해 뒤에서 기다리는 아이들에게 자주 원성을 샀다. 여자아이들은 이런 미연이를 잘 아는지, 남자아이들과 대신 싸워주기도 하고 함께 내려와주기도 했다. 아이들이 얼음땡에 심취해 있을 무렵 미연이는 혼자서 모래 놀이를 했다. 아이들이 미연이를 따돌린다기보다는 미연이 스스로 혼자 놀기를 선택한 것 같았다. "친구들이랑 같이 놀아보는 건 어때?" 나와 몇몇 선생님이 미연이에게 친구들과 같이 놀라고 종용하기도 하고, 다른 친구들에게도 "미연이는 같이 안 놀아?"라고 이야기해봤지만, 양쪽 다 대답은 같았다. "괜찮아요." 아마도 그렇게 노는 게 자연스러운가 보다.

"저, 선생님. 저희 반 송이라는 아이는 좀 신경을 많이 써주셔야 할 거예요. 가끔 이상 행동을 하거든요. 평소에는 얌전하니까 그냥 지켜보시면 돼요. 혹시 갑자기 돌변하면 꼭 저나 다른 센터 선생님을 불러주세요. 우리 송이 잘 부탁드려요."

송이를 데리고 온 센터 교사가 조를 짠 뒤에 내게 당부한 말이다. 송이는 주의력이 부족한 아이라고 했다. 의사소통에 어려움이 있지는 않은데, 눈을 잘 마주치지 않았다. 수줍음이 많아 보였다. 긴 미끄럼틀에서도 다른 아이들과 같이 신이 나서 올라가더니 한두 번 타고 내려와서는 옆에 있는 짧은 미끄럼틀로 향했다. 그리고 놀이 시간 내내 짧은 미끄럼틀을 혼자 오르내렸다. 담당 교사의 당부가 생각나서 주의 깊게 지켜보니 계속 일어나 다른 아이들을 힐끔거리는 모양이 함께 놀고 싶은 눈치였다. 수영하듯이 팔도 휘휘 저어보고 거꾸로 내려오기도 하면서 혼자 나름의 놀이 세계를 구축하는가 싶더니 이내 지루해진 표정이었다. 하지만 다른 아이들도 송이를 딱히 부르려고 하지 않았다.

한 놀이터에서 노는 시간을 30분으로 한정해둬서 아쉽지만 중간에 놀이를 마쳐야 했다. 다음 놀이터로 이동하기 전에 아이들에게 평가를 부탁했다. 놀이터에 점수를 매기고 무엇이 재미있었는지 들어보았다.

대부분의 아이들은 100점을 준 반면에 혼자 논 송이는 10점을 주었다. 미연이는 점수를 적지 않았는데, 표정을 보니 그리 나쁘지 않았다. 아이들이 가장 재미있는 놀이로 꼽은 것은 얼음땡이었다. 얼음땡은 긴 미끄럼틀을 탄 시간에 비하면 놀이 시간이 길지 않았고, 놀이 규칙을 정하느라 시간을 많이 허비했는데도 만족도는 상당히 높았다.

우리들은 아이들이 긴 미끄럼틀에서 가장 오래 놀았고 열심히 탔으니 가장 좋아하고 만족스러워할 것으로 짐작했는데, 아이들은 친구들과 부대끼며 재미있게 놀았던 얼음땡 시간을 가장 즐거워했다.

"에이, 여기는 놀이터가 아니잖아요. 여기서 뭐하고 놀아요?"

이어서 물 놀이터에 도착하자 아이들이 야유를 퍼부었다. 처음 놀았던 숲속 놀이터가 무척 재미있어서 다음에는 더 재밌는 곳일 것으로 기대했는데, 와보니 아무것도 없어 황량한 곳에 뜬금없이 흔들다리 하나만 있어서 그랬을 것이다. 여름에는 물이 있다는데 겨울이라 그런지 놀이터에 물이 하나도 없었다. 개울가를 건너가도록 만들어놓은 아치 모양 흔들다리 하나와 물을 길어올리는 놀이 기구, 모래를 푸는 포클레인 놀이 기구가 전부였다. 아이들은 익숙한 조합놀이대와 그네와 시소가 없는 공간이 놀이터라는 게 믿기지 않는지 실망한 표정이었다.

"와, 대박! 대박!" 하며 뛰어다니던 숲속 놀이터에서와 달리 아이들이 여기서는 어슬렁거리며 탐색을 시작했다. 그나마 가장 놀이 기구처럼 보이는 포클레인에 남자아이 중 가장 활달한 해성이와 준영이가 매달렸다. 다른 아이들도 처음에는 함께 놀려고 했으나 포클레인은 혼자 타는 기구였다. 해성이와 준영이가 한 명은 포클레인에 타고 한 명은 포클레인에 흙을 몰아주며 놀자 다른 아이들은 끼기가 어려웠다.

어른들은 예상할 수 없다

그때였다. 몇몇 아이들이 흔들다리에서 재미를 발견했다. 흔들다리는 아무리 조심조심 건너려고 해도 앞이나 뒤에서 누군가 흔들기 시작하면 여지없이 공포를 불러일으킨다. 아이들은 그것을 아주 재미있어 했다. 아이들이 "꺅꺅" 소리를 지르자 멀리서 헤매던 다른 아이들까지 궁금해서 몰려들었다. 어느새 해성이와 준영이까지 흔들다리에 와서 무슨 일인가 쳐다보았다. 몰려든 아이들은 흔들다리를 오르내렸다. 다리를 그물 밖으로 빼고 앉아 있기도 했다. 합심하여 "하나 둘! 하나 둘!" 구령에 맞춰 좌우로 다리를 흔들기도 했다. 다들 바이킹을 탄 것처럼 신이 났다.

하지만 미연이는 흔들다리를 무서워했다. 아이들이 몰려들자 호기심에 지나가 보려 했으나 다른 아이들이 중간에 멈추자 가운데 끼이게 되었다. 그러자 무서웠는지 "나 지나갈래, 그만 흔들어"를 연발했다. 나이 많은 언니들이 "야, 미연이 지나가게 그만 흔들어" 하고 흔들다리를 진정시키자 미연이는 종종걸음으로 쪼르르 내려와서는 혼자 흙장난을 했다. 그 모습이 자연스러워 보였다.

그때였다. 나는 신나게 노는 아이들 틈바구니에서 미친 듯이 허리를 움직이며 해맑게 웃는 송이를 발견했다. 송이는 숲속 놀이터에서 제대로 놀지 못한 것을 만회하려는 듯 더 열심히 흔들다리를 흔들며 다른 아이들과 함께 놀고 있었다. "하나면 하나지 둘이겠

흔들다리를 통해 함께 노는 재미를 알게 된 아이들

느냐. 둘이면 둘이지 셋은 아니야." 아이들은 합심해서 노래를 부르며 다리를 흔들었다.

흔들다리에서 신나게 논 아이들은 놀이터를 평가할 때 다들 100점 만점에 100점을 주었다. 미연이는 70점을 주었지만 나름대로 즐거운 시간을 보낸 것 같았다. 송이는 이번에는 0점을 주었다. 분명 재미있게 놀았는데 왜 아까보다 더 낮은 0점을 주었을까 생각하다가 여전히 신이 나서 노래를 흥얼거리는 송이에게는 채점도 놀이의 연장일 뿐이겠다는 생각이 들었다. 흔들다리 덕분인지 이후에도 송이는 아이들과 자연스럽게 섞여서 신나게 놀았다.

약 한 시간 반 동안 바깥에서 신나게 뛰어놀았다. 땀을 뻘뻘 흘리는 아이도 있었다. 두꺼운 외투를 하나씩 벗는 아이들을 보니 에너지가 느껴졌다. 대부분의 아이들은 함께 어울려 신나게 놀았지만, 개중에는 미연이 같은 아이도 있고 송이 같은 아이도 있었다. 아이들의 놀이는 종잡을 수 없었다. 아이들이 좋아하는 놀이 요소는 어른들의 예상과 분명 달랐다. 긴 미끄럼틀에서 가장 많이 놀았지만 얼음땡이 제일 좋다고 했고, 개울을 건너라고 만들어놓은 흔들다리에서 희열을 맛보았다. 과연 우리가 이렇게 다양한 아이들의 입맛을 맞출 수 있을까?

서울숲에서 얻은 세 가지 통찰

우리는 이날 얻은 몇 가지 통찰을 공유했다.

먼저, 아이들은 놀이 기구보다는 놀이 기구를 배경으로 펼쳐지는 놀이 자체를 좋아했다. 놀이 기구를 그대로 사용하는 경우는 거의 없고 놀이 기구의 몇 가지 기능을 활용해 친구들과 새로운 놀이를 함께 만들어갔다.

다음으로, 아이들에게 충분한 시간을 주어야 한다는 사실을 알게 되었다. 처음 놀이터에 도착했을 때 아이들은 직관적인 놀이 기구나 거대하고 특이하게 생긴 놀이 기구에 열광하지만, 시간이 지날수록 새로운 놀이를 만들어가는 것에 재미를 느꼈다. 처음에는 긴 미끄럼틀을 그냥 타는 것에 열광했지만, 미끄럼틀을 활용해 노는 단계에 이를 때 더 큰 재미를 느꼈듯이 말이다. 따라서 아이들에게 충분한 시간을 주어야 한다. 그러지 않으면 낮은 단계의 놀이를 하다 끝나버려 더 깊게 몰입할 기회를 갖지 못한다.

마지막으로, 미연이와 송이처럼 아이들이 좋아하는 놀이 유형이 다양함을 인정해야 한다. pxd에서 이 부분을 잘 정리해주었는데, 미연이는 자발적인 그룹 이탈자로 볼 수 있다. 단체로 노는 것보다 혼자 또는 한두 명이서 노는 걸 좋아하는 아이들이 분명히 있다. 또한 송이처럼 단체로 어울리기까지 시간이 오래 걸리는 아이들도 있다.

하지만 흔들다리처럼 다 같이 놀아야 더 재미있는 놀이 기구는 송이 같은 아이들이 슬그머니 들어가 함께 놀 기회를 제공해준다.

아이들의 다양한 욕구와 성향을 놀이터에 어떻게 풀어넣을지 설계팀의 고민은 점점 깊어졌다.

낙서,
놀이가 되다

세화 놀이터에서 초록 그물이 사라지자 다시 정적이 찾아왔다. 아이들 입장에서 세화는 여전히 죽은 놀이터였다. 공사를 하기 전에라도 아이들이 놀이터를 자주 찾아야 공사 이후에도 자연스레 놀이터를 찾을 터였다. 놀이터를 바라보는 주변 사람들의 시선도 조금은 긍정적으로 바뀌길 바랐다. 특히 이 공간을 통해서 아이들의 놀 권리가 한두 달이라도 회복되었으면 했다.

마침 초록 그물 프로젝트 때 놀이터 맨바닥에 도라에몽을 그리던 아이, 한 붓으로 해골바가지를 그리던 아이가 있었다. 아이들은 바닥에 앉아 그림을 그리고 그 위에서 뛰어노는 것만으로도 즐거워했다. 아이들이 놀이터 바닥을 활용해서 노는 모습을 보고 설계팀에서 아이들에게 더 좋은 놀이터 바닥을 선물해주기로 했다. 이름하여 〈바닥이여, 안녕!〉 프로젝트였다.

놀이터 바닥 낙서 놀이. 바닥에 그림을 그리는 것만으로도 아이들은 매우 즐거워했다.

어디에도 없는 놀이터 바닥 낙서 놀이

어차피 놀이터를 다시 만들면 바닥까지 들어내야 하는데, 그럴 바에야 평소에 하지 못했던 일을 해보면 어떨까? 놀이터 바닥에 낙서를 하는 거다. 단순한 낙서가 아니라 우리가 어린 시절에 많이 하던 바닥 놀이를 놀이터에서 구현해보기로 했다. 공간을 많이 차지하지 않고 아이들의 동선을 끊지 않으면서 다양하게 확장할 수 있으니 활용 가능성은 충분했다.

"아니, 거기 모래가 더 있네요. 그쪽 벽돌 사이에 모래도 다 꺼내야 해요. 자, 빨리 합시다."

햇살이 좋은 2월 24일 아침, 우리는 빗자루를 총동원해 프로젝트에 착수했다. 한쪽에서는 바닥 그림을 그리기 위해서 모래와 쓰레기를 정리하고, 한쪽에서는 아이들에게 인기 만점이었던 초록 그물을 다시 설치했다. 한쪽에서는 놀이터 이름, 원하는 놀이 기구 등 아이들의 의견을 적을 공간을 마련했다. pxd 디자이너 두 사람은 미리 그려온 도안을 이리저리 바닥에 대보았다.

얼마 안 있어 아이들이 몰려오는 소리가 들렸다. 이번에는 처음부터 지역아동센터에 다니는 아이들을 모두 초대했다. 아이들이 손에 손을 잡고 줄줄이 놀이터에 입장했다. 저학년부터 고학년까지 다양했다. 특히 지난번 초록 그물 프로젝트 때 피시방에 가다가 우리 프로젝트에 푹 빠진 아이들이 함께 있었다. 그 아이들이 좋은 이야기를 많이 해주어서 섭외하는 데 큰 도움이 됐다.

"아, 아저씨 왜 자주 안 왔어요? 그때 진짜 재밌었는데 오늘도 준비됐죠? 저 완전 놀 준비 다 하고 왔다니까요."

몸집이 크고 활달한 남자아이가 어깨를 툭 치며 친한 척을 했다. 아이들은 같이 한번 놀면 금방 친해진다. 다른 아이들은 놀이터를 훑어보며 '오늘 내 먹잇감은 저거군' 하는 눈빛을 보냈다. 우리는 아이들을 정렬시키고 네 개 조로 나누어 활동을 진행했다. 아무래도 초록 그물이 인기가 좋을 테니 아이들이 몰려들 때 발생할 수 있는 안전사고도 예방하고, 어쨌든 오늘의 임무는 바닥 놀이터를 함께 완성하는 것이니 조별로 활동하는 게 좋을 듯했다.

첫 번째 조는 초록 그물에서 놀이를 시작했다. 역시나 아이들은 큰 그물에 가장 먼저 매달렸다. 우르르 달려와서 공에 안착. 지난번에 놀아본 친구가 있어서인지 준비 과정 없이 바로 높은 수준으로 넘어갔다. 지난번보다 공의 회전 반경이 훨씬 컸다. 흥분한 아이들을 진정시키느라 진땀을 흘렸다.

신나게 타잔 놀이를 하는 아이들을 지나, 페인트 작업을 하는 조로 향했다. 아이들은 바닥에 그려진 도안에 맞는 다양한 색깔을 만들기 위해 페인트를 섞는 작업에 동참했다. 손에 페인트가 묻어 찡그리는 아이, 색을 섞으라고 준 붓으로 다른 아이와 칼싸움을 하는 아이, 물감이 옷에 잔뜩 묻었는데도 괜찮다며 아랑곳 않는 아이까지 각양각색이었다. 단순히 페인트를 섞는 과정일 뿐인데도 아이들에게서 웃음이 터져나왔다.

 또 한 조는 설문조사를 맡았다. 조금은 차가운 돗자리 바닥에 앉아 여러 가지 설문에 답해야 해서 간식을 왕창 주었다. 아이들은 차분하게 앉아 설문지를 작성했다. 뛰어놀거나 바닥에 그림을 그리는 다른 아이들을 보며 나름의 품평도 했다. "선생님, 쟤 좀 보세요. 쟤는 만날 저렇게 놀아요. 다른 애들 괴롭히면서." 이미 어느 정도 안면이 있는 아이들은 다른 친구들의 놀이를 보면서 이야기하는 것만으로도 즐거워했다.

 마지막 조는 가장 중요한 붓질을 맡았다. 다른 친구들이 섞어놓은 페인트를 가져가서 디자이너들이 그린 밑그림에 칠하는 작업이었다. 칠만 하는 작업은 조금 지루할 수도 있어서 자유롭게 그림을 그릴 수 있는 특권을 주었다. 지난번처럼 분필을 가져와서 색칠하기 전 바닥에 맘껏 그려보라고도 했다. 도라에몽도 나왔고 해골바가지는 단골 손님이었다. 어차피 페인트에 덮여 곧 사라질 그림이지만, 아이들은 신나게 자신의 세계를 펼쳐내고, 이어서 페인트로 쓱쓱 색칠을 했다. 그렇게 각 조가 흩어져 맡은 활동을 하고, 시간이 되면 알람을 울려 모든 조가 돌아가면서 각 활동을 경험했다.

페인트와 함께 말라버린 마음

이 프로젝트를 준비하면서 우리는 아이들이 초록 그물 놀이터에 너무 빠져서 본인의 역할에 소홀하면 어쩌나 걱정했다. 그래서 어른들이 나머지 작업을 많이 해야 할지도 모른다며 아이들이 가고 난 뒤에도 시간을 충분히 비워달라고 신신당부했다. 하지만 어느 정도 시간이 지나고 놀이 활동을 한차례 겪고 나니 모두 붓을 잡으려고 안달이었다. 아이들은 페인트를 칠하며 바닥 그림을 그리는 과정에 큰 관심을 보였다. 아이들의 이런 열정을 뭐라고 표현해야 할까?

사실 놀이터를 만들 때는 전문가들이 직접 공사에 투입되기 때문에 아이들이 할 수 있는 영역이 거의 없다. 하지만 완공 이후에 놀이터를 꾸미는 일은 아이들이 직접 할 수 있다. 설계팀은 페인트칠을 하는 아이들의 열정을 직접 목격한 까닭인지 실제 세화 놀이터 완공 이후에 조금은 삭막해 보였던 놀이터 펜스에 잠자리, 달팽이, 나비 그림을 붙이는 작업을 아이들과 함께 진행했다. 아이들의 참여가 또 다른 참여를 낳는 방향으로 이어졌다.

"우리 오늘은 여기서 못 놀아요? 내가 만든 UFO에서 할 놀이도 대충 정했는데."

한 아이가 페인트칠을 한 붓을 들고 와서 물었다. 자신이 함께 한 바닥 작업이 점차 완성됨에 따라 아이들은 여기서 어떻게 놀지

놀이터 바닥 낙서 놀이를 통해 놀이 영역을 확장할 수 있었다.

궁리했다. "너는 여기 서봐. 나는 이렇게 할게." 마음이 맞는 친구들끼리 이런 모습을 연출하는 장면을 자주 보았다.

"응. 아쉽지만 페인트가 말라야 놀 수 있을 것 같아. 오늘은 여기까지 하고 다음에 노는 날을 정하자."

하지만 나는 아이들과의 약속을 지키지 못했다. 페인트가 마르는 동안 어른들의 마음도 말라버렸는지 아이들을 섭외해준 지역 아동센터에서 아이들의 참여를 대가로 몇 가지 사항을 요구했기 때문이다. 설계팀에서는 많은 고민을 했다. 일단 아이들의 참여를 빌미로 대가를 요구하는 것은 들어줄 수 없다고 했다. 놀이터 개선이 아이들뿐 아니라 지역 주민들과 센터에도 도움이 될 텐데, 고마워하기는커녕 도리어 사례를 요구하는 모습에서 주인의식 부재를 절감했다. 결국 설계팀은 이 센터와는 앞으로 어떤 일도 함께 하지 않기로 했다.

나는 설계팀을 존중하기로 했다. 결국 희생은 아이들 몫이었다. 바닥 놀이터를 열심히 만들었는데 정작 바닥에서 놀지 못한 아이들은 얼마나 아쉬웠을까? 어른들의 승강이로 함께 놀던 친구를 잃는 기분이 이럴까? 마음이 너무 쓰렸다.

내 놀이터를
만들어줘서
고마워요

"제 대리님, 좋으시겠어요. 제가 어제 무슨 이야기 들은 줄 아세요? 아마 들으면 좋아서 죽을 텐데, 이거 비싸요. 그냥은 못 알려드려요."

아침부터 고우현 대리가 아주 신이 났다. 무슨 일이냐고 보채니 사진 한 장을 보여준다.

"이 아이 기억나세요? 어제 상봉 어린이디자인위원단 모임 때 참여한 친구인데, 이 친구가 모임이 끝날 무렵 제 주변을 한참 서성이더니 제 귀에 대고 이렇게 이야기해줬어요. '이건 다 끝나고 이야기하려고 했는데요. 내 놀이터를 만들어줘서 고마워요'라고요."

이번 일을 하면서 들은 가장 큰 칭찬이었다. 우리가 만들고 싶었던 놀이터가 바로 아이들과 지역 주민들이 내 놀이터라고 느끼는 놀이터이기 때문이다. 물론 한 아이의 인사만으로 전체를 판단할 수는 없지만, 이 아이에게만은 우리가 자신의 소중한 놀이터를 만들어주는 고마운 사람이었다. 한 아이가 '내 놀이터'라고 말하기까지 얼마나 많은 노력이 필요할까?

놀이터 디자인을 공개하다

이 아이를 만난 상봉 놀이터 두 번째 어린이디자인위원단 모임은 화창한 3월에 열렸다. 이 모임을 진행한 조경작업소 울 설계팀은 이미 마음이 들떠 있었다. 아무도 안 올지 모른다고 생각한 첫번째 디자인위원단 모임 때 모두의 걱정을 깨고 열두 명이나 모였기 때문이다.

하지만 2주가 지난 뒤 열리는 모임이라 아이들이 잊어버렸을 수도 있고, 우리는 첫 번째 모임이 좋았지만 아이들은 실망스러워서 예상보다 적게 나올 수도 있었다. 그래서인지 설계팀은 더 꼼꼼히 준비했다. 나 또한 첫 모임은 모양새가 어떨지 몰라서 고우현 대리에게 취재를 요청하지 않았지만, 이번에는 자신감이 생겨서 당당하게 부탁했다.

"이번에 무조건 같이 가요. 애들 많이 올 거예요. 1차 때도 얼마나 많이 왔는데요. 울에서 만든 포스터 초대장을 손에 꼭 쥐고 온 걸 대리님이 보셨어야 했는데. 분명 재미있을 거예요."

그렇게 떨리는 마음으로 아이들을 기다리니, 저 멀리서 자전거를 타거나 뛰거나 킥보드를 타고 오는 아이들이 보였다. 첫 모임 때 참석한 인원의 두 배에 가까운 스물세 명이었다. 둘러보니 1차 때 참여한 아이들이 대부분 와주었고, 친구를 따라 온 아이도 있었다. 앞에서 우리에게 최고의 칭찬을 해준 아이도 언니 손을 잡고 놀이터에서 뛰고 있었다.

이날 모임은 어린이디자인위원단 아이들에게 놀이터 디자인 초안을 공개하고 의견을 듣는 자리였다. 설계팀이 1차 모임 때 아이들에게 주변 놀이터에 대해 물으며 자연스럽게 들은 의견을 열심히 반영해서 만든 디자인이었다. 놀이터의 주인이 되어 누구보다 열심히 놀이터를 이용할 아이들에게 처음 공개하는 자리인 만큼 모두가 숨을 죽이고 아이들의 반응을 지켜보았다. 아이들은 마치 앞으로 살 집의 모델하우스를 방문한 것처럼 꼼꼼히 살폈다.

"여긴 생각보다 많이 흔들릴 것 같아요. 올라가는 곳이 모두 흔들리면 못 올라가는 아이도 있어요. 하나는 계단으로 해주세요."

"여기서 술래잡기 할 수 있어요?"

"미끄럼틀은 지금보다 3분의 1 정도 더 길고 더 높아야 해요."

"모래는 좋긴 하지만 신발에 들어가고 냄새가 나요. 자전거도 탈 수 없고요. 모든 공간을 모래로 하기보다는 더 어린 애들을 위해 한쪽에 따로 만들어주세요."

아이들 의견을 적는 직원의 손이 점점 빨라지고 분위기도 사뭇 진지해졌다. 다음 순서로 놀이터 요소들 중 선호도를 확인하기 위

무서워 보이는 놀이터는 괜찮지만
다칠 위험이 있으면 안 된다.

해 만든 '제일 맘에 들어요', '별로 맘에 안 들어요'까지 총 네 개의 패널을 아이들에게 보여주며 전체적인 만족도를 파악하고 각자의 의견을 물었다. 놀이터 디자인에 대한 전반적인 인상을 확인하기 위해 마련한 '제 점수는요' 패널, '못 타요, 너무 위험해요'부터 '아주 안전해요'까지 안전성에 따라 별을 붙일 수 있게 만든 '안전성 별점' 패널도 있었다.

감사하게도 '재미있을 것 같다'는 평가가 대부분이었다. 그중에서도 흥미로웠던 부분은 한 아이가 '무서운 것은 괜찮은데 안전하지 않으면 안 된다'라고 평가해준 것이다. 놀이터에서 아이들의 재미와 안전이 함께 가지 못하는 문제를 고민하는 사람이 많은데, 이미 그 아이는 문제를 해결할 실마리를 알고 있었던 것이다. 무서워 보여서 흥미를 유발하는 놀이터는 괜찮지만 심각하게 다칠 위험이 있는 요소를 방치해서는 안 된다. 재미와 안전에 관한 혜안이 담긴 평가였다. 설계팀은 아이들의 의견에 자신감을 얻은 듯 모임을 시작할 때보다 표정이 훨씬 밝았다.

이렇게 어린이디자인위원단 두 번째 모임도 마무리되었다. 하지만 그냥 갈 수는 없다. 놀이터에 왔으면 놀고 가야지. 이번에도 처음 모임 때와 마찬가지로 모임을 마무리하는 의미로 아이들과 함께 놀이터 한가운데에 돗자리를 깔고 맛있는 과자와 음료를 나눠 먹으며 모두가 어우러져 한바탕 신나게 놀았다. 이때 한 여자아이가 구석에서 사진기를 만지고 있던 고우현 대리에게 쭈뼛쭈

뻣 다가가 귀엣말로 앞서 말한 이야기를 해준 것이다.

우리한테 물어보면서 만들어서 좋아요

　지금까지 대한민국에서 놀이터를 만들 때 아이들이 참여한 경우는 거의 없었다. 참여라고 해도 자신이 바라는 놀이터 그림을 몇 장 그리고 개장식 때 사진을 함께 찍는 것이 전부였다. 하지만 세이브더칠드런은 디자인뿐 아니라 설계 과정을 거쳐 놀이터가 완성된 후 주민 운영 프로그램을 만드는 과정에 이르기까지 아이들과 함께할 수 있는 활동은 최대한 시도했다. 놀이터를 아이들에게 잘 돌려주기 위해서였다. 물론 우려도 많았다.

　"애들은 다 특이하고 신기한 것만 만들어달라고 해요. 굳이 물어볼 필요가 있을까요? 다 아는 건데."

　"애들은 어디서나 잘 놀아요. 디자이너가 알아서 잘하면 되지, 굳이 이렇게까지 할 필요가 있을까요?"

　"세이브더칠드런은 도대체 어떤 놀이터를 만들려는 거예요?" 질문을 여기저기서 많이 받았다. 사람들이 '어떤 놀이터'냐고 물을 때는 대부분 디자인을 이야기한다. 해외 토픽에서나 볼 법한 특이한 놀이터, 자연주의 놀이터, 긴장감 넘치는 기구로 가득한 모험 놀이터, 놀이 기구 없는 놀이터 등 디자인에 집중하는 경우가 많

2차 어린이 디자인설명회. 아이들은 모델하우스를 확인하듯 놀이터 디자인을 꼼꼼히 살폈다.

다. 그리고 이런 놀이터는 디자이너의 작품이라 아이들은 그저 결과물을 받고 열심히 놀기만 하면 되는 존재로 여기는 경우가 많다. 우리는 조금 다르게 답을 찾고 싶었다.

우리가 주목한 것은 대한민국에 버려진 놀이터가 참 많다는 것이었다. 철저하게 버려진 땅, 아이들도 오지 않고 어른들도 오지 않는 동네 우범지대, 그런 놀이터가 우리 주위에 참 많다. 이유가 뭘까?

거꾸로 한번 생각해보았다. 잘 만든 놀이터는 디자인도 중요하지만 우선 아이들이 잘 놀고 유지 및 관리가 잘되는 놀이터다. 그러려면 아이들이 놀이터를 '내 놀이터'로 여겨야 하고, 지역 주민들도 그 공간을 아이들의 놀이 공간으로 인정하고 지켜주려고 노력해야 한다. 이것을 주인의식이라고 한다면, 놀이터를 만드는 과정에서부터 예비 이용자에게 주인 대접을 해주어야 한다. 내 놀이터를 만들어줘서 고맙다는 말은 결국 존중에 대한 감사가 아니었을까.

상봉 놀이터에 가면 언제나 진석이라는 초등학교 3학년 남자아이를 만날 수 있다. 진석이는 1차 상봉 어린이디자인위원단 모임에서 임명장을 받고 이렇게 말했다.

"저는 지금까지 살면서 위원단 같은 걸 해본 적이 없어요. 위원으로 임명되니까 참 좋아요. 우리가 만드는 놀이터가 완전 기대돼요."

이후 진석이는 디자인위원단 모임에 꼬박꼬박 참석했고, 학교

수업을 마치면 매일 놀이터에 들러 '내 놀이터'가 잘 만들어지고 있나 매의 눈으로 감독했다. 지금도 놀이터에 가면 항상 친구들과 함께 신나게 주인 노릇을 하고 있다.

"에헴! 이건 내가 낸 아이디어로 만든 거야."

비단 진석이뿐이겠는가? 상봉 놀이터와 세화 놀이터를 만드는 과정에서 총 스물다섯 번에 걸쳐 아이들과 주민들을 만나는 참여 활동을 하고 수시로 사람들에게 묻고 또 물은 결과, 먼지 나고 시끄럽다고 민원을 제기한 경우가 한 번도 없었다. 주민들이 자발적으로 나서서 놀이판 축제를 열기도 했다.

"세화 놀이터는 우리한테 물어보면서 만들었는데, 봉황은 안 그랬잖아요. 그래서 세화가 더 재미있어요. 조합놀이대 중간에 나무를 넣은 게 민수 형 아이디어였다면서요? 그 형 짱이지 않아요?"

존중에서 시작된 작은 차이가 사랑받는 놀이터와 버려진 놀이터를 가르는 게 아닐까?

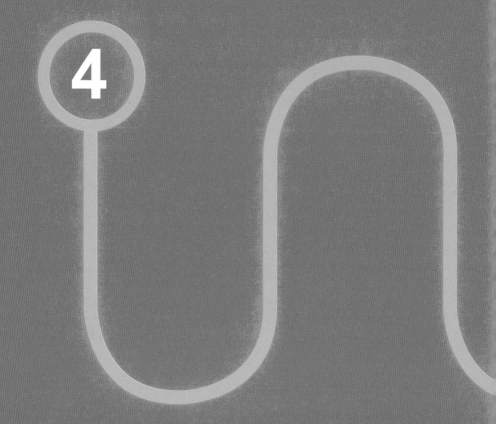

동네 일에 관심 있으세요?

까다로운 이웃들과 함께

모래 바닥 vs 고무 바닥

놀이터를 다시 열던 날

4

놀이터를
개선하다

동네 일에
관심 있으세요?

"콘텐찐빵 아세요? 저 어릴 때 엄청 많이 한 놀이인데, 이렇게 십자가 모양으로 술래가 돌아다닐 수 있고요. 공격하는 팀은 이 네 개 사각형 안에만 있어야 해요. 다른 칸으로 넘어가려면 콘텐찐빵 하면서 총 네 걸음에 가야 하죠."

"아, 그건 우리 동네에서는 콘텐찐빵이라고 안 하고 다른 이름으로 불렀어요. 뭐였더라? 기억이 가물가물하네."

"그럼 이 놀이는 기억나세요? 다방구라고 다들 해보셨을 텐데."

1차 주민디자인워크숍은 이렇게 화기애애하게 시작했다. 골방 같은 공간에 모인 스무 명 가까운 주민들. 이들은 놀이터를 이용하는 평범한 주민을 포함해 주변 어린이집 원장, 달팽이마을과 같은 마을 활동가, 공동육아를 하는 어머니 들이었다. 아이를 키우는 엄마로서, 아이들을 가르치는 교사로서, 동네 놀이터를 이야기하기 위해 한자리에 모였다. 주민 인터뷰를 통해 이미 안면이 있는 사람도 있었고, 어떻게 알고 왔는지 처음 온 사람도 있었다. 이전까지는 인터뷰를 통해 간접적으로 주민들의 참여를 유도했다면, 두 번에 걸쳐 진행한 주민디자인워크숍은 주민들의 직접적인 참여를 유도하는 과정이었다.

주민들이 과연 올까?

처음 주민디자인워크숍을 하기로 결정했을 때는 동네 놀이터를 함께 고치자는 워크숍에 사람들이 얼마나 모일지 반신반의했다. 미국의 아동 놀이 관련 NGO인 카붐(KaBoom)이 지역 주민들과 함께 위원회를 만들고 자원을 모으고 계획을 수립하는 과정에서 자연스럽게 지역 주민들의 역량을 강화하는 활동을 한다는 이야기를 듣고 기획한 워크숍이었다. 하지만 미국은 우리나라보다 시민사회 규모가 훨씬 크고 경험 차이도 크다. 커뮤니티 디자인 관련 책을 보니, 가까운 일본에서도 놀이터를 만들 때 지역 주민들의 의견을 들었지만, 생업으로 바쁜 사람들을 모아놓고 놀이터를 함께 만드는 일까지는 하지 못하고 있었다.

과연 놀이터에 대한 관심을 불러일으키고 원하는 디자인이 무엇인지 들어보는 워크숍에 사람들이 모일까? 모이기만 한다면 전문가 강의와 활동을 통해 놀이에 대해 배우고, 아이들의 놀이를 지켜줄 활동가로 성장할 수 있도록 돕는 놀이 워크숍도 할 수 있을 것 같았다. 나에게는 분명 모두 중요한 순서이고 꼭 필요한 시간이었지만, 총 여섯 번이나 사람들을 모을 생각을 하니 눈앞이 캄캄했다.

왜 그렇게 걱정이 많았을까? 지금 와서 생각해보니 나조차도 동네 일에 별로 관심이 없었기 때문이었다. 하다못해 지역 모임에 관한 포스터라도 꼼꼼히 읽어본 적이 있는지 평소 내 모습을 돌아보았다. 그런 내가 막상 주최자가 되고 나서야 지역 주민들의 관심과 참여가 얼마나 중요한지 새삼 깨달았다. 나는 이제껏 퇴근하면 집에서 잠만 자고 나왔지 동네에 무슨 일이 있는지, 주민들이 어떤 문제를 해결하기 위해 노력하고 있는지 관심을 가져본 적이 없었다. 한 동네에서 30년 넘게 산 내가 이런데, 이곳 사람들이라고 다를 게 있을까 생각하니 마음이 쪼그라들었다.

그래도 별 수 있나. 최대한 홍보해서 많은 사람이 참여하도록 독려하는 길 외에는 다른 방법이 없었다. 설계팀에서는 중랑구 주무관에게 부탁해 중랑구청 홈페이지와 지역 신문에 홍보글을 실었다. 하지만 나도 내가 사는 강서구 홈페이지에 한 번도 접속해본 적 없고 구청 신문도 자세히 본 적이 없어서 아무래도 홍보에 한계가 있겠다 싶었다. 그래서 다음 전략으로 포스터를 만들어 주변에 붙이기로 했다. 설계팀에서 포스터를 만들어 놀이터 주변과 주민센터에 몇 장 붙이고 어린이집, 유치원, 도서관에도 공문을 보내 포스터를 게시해달라고 요청했다. 현수막도 만들어 지하철 상봉역과 중랑역에 큼지막하게 붙였다. 그러나 뭐니뭐니해도 마지막 홍보는 전화다. 설계팀에서는 놀이터 주변에서 만나 연락처를 얻은 주민과 어린이집 및 유치원 원장, 마을 활동가 등 가능한 한 많은 사람에게 전화해 참석을 독려했다.

우리 동네 놀이 환경 분석하기

　그렇게 열띤 홍보를 거치고 1차 주민디자인워크숍 날이 밝았다. 나는 일찌감치 워크숍 장소인 상봉2동 주민센터로 발걸음을 옮겼다. 지하철에서 내려 빠른 걸음으로 걷는데, 눈앞에 큼지막한 현수막이 보였다. 우리 행사를 알리는 현수막이었다. 눈에 잘 띄는 곳에 커다랗게 붙어 있는 현수막을 보니 힘이 났다. 아직 한파가 매서워 다들 앞섶을 여미고 종종걸음으로 다녔지만, 현수막은 봤겠지. 중랑구청과 MOU를 맺길 잘했다는 생각이 들었다. 구청과 함께하지 않고 우리끼리 준비했다면, 이런 현수막 하나 붙이는 데도 손이 참 많이 갔을 것이다.

　중간에 잠깐 발길을 돌려 상봉 놀이터에 사람들이 얼마나 있는지 확인해보았다. 추운 겨울 아침, 놀이 기구가 철거되어 곳곳이 파여 있는 휑뎅그렁한 공간에는 아무도 없었다. 놀이터 주변을 도는 사람, 산책하는 개 한 마리 볼 수 없었다. 놀이터가 텅 비어버린 느낌이었다. 놀이터 주변을 지나는 사람들은 날이 추워서 그런지 걸음을 재촉하기 바빴다.

'아, 역시 이런 날에 워크숍을 하는 건 무리인가?'

나도 모르게 우울한 마음이 들었다. 이런 날 괜히 워크숍을 한다고 고생만 실컷 하는 게 아닌가 싶었다. 첫 단추를 잘 끼워야 하는데, 그래야 이번에 나온 사람들을 시작으로 뭔가를 해볼 텐데, 하는 걱정이 앞섰다. 두려운 마음에 나도 모르게 중얼중얼 기도가 흘러나왔다.

주민센터 1층에 도착하니 입구에도 큼지막하게 포스터가 붙어 있었다. '그래! 희망을 가지자. 설계팀에서 열심히 홍보했으니 분명 효과가 있을 거야.'

생각을 바꾸고 성큼성큼 계단을 올라가 문을 열었다. 주변을 둘러보니 사람이 많았다. 문제는 다 아는 사람이었다. 첫 워크숍이어서인지 설계팀도 대부분 나왔고, 파트너인 C프로그램과 pxd에서도 첫 워크숍을 기록하기 위해 나왔다. 중랑구청에서도 팀장, 과장, 주무관까지 세 명이나 나왔다. 다 우리 식구다. 참 좋다. 하지만 이 사람들을 빼면 아무도 없다.

"사람들이 아직 안 왔나 봐요." 이럴 때일수록 태연한 척해야겠다 싶어 김연금 소장에게 너스레를 떨었다. 나와 눈이 마주친 김 소장의 낯빛이 어두웠다. 나만 두려운 게 아닌가 보다. 경험 많은 김 소장도 첫 워크숍이라 사람들이 몇이나 올지 걱정이 되는 모양이었다. "분명 올 거예요. 아까 달팽이마을 대표님이랑 통화할 때도 많이들 가겠다고 했대요. 분명 올 거예요. 원래 코리안 타임이라고 다들 좀 늦으시잖아요. 하하."

주변을 둘러보니 따뜻하고 아늑했다. 테이블 여덟 개가 배치되어 있고 각 테이블마다 여섯 개의 의자가 놓여 있다. 어린 시절에 하던 조모임이 떠올랐다. 테이블마다 장미 조, 코스모스 조 등 조명패가 깔끔하게 놓여 있고 활동지와 펜, 각종 도구가 정리되어 있다. 앞쪽 전면 거울에는 중랑구에 있는 마흔두 개의 놀이터 위치를 표시한 큰 지도와 '내가 사는 곳의 놀이 환경 점수 매기기'라고 적힌 큰 종이가 붙어 있다. 중랑구의 놀이 환경을 분석함으로써 놀이에 대한 관심을 불러일으키고 싶다고 한 김 소장의 의도가 충분히 느껴지는 구성이었다.

100점 만점에 47점

그때 아래쪽에서 시끌시끌한 소리가 들려왔다. 드디어 사람들이 오기 시작했다. 첫 손님은 인근 어린이집 교사들이었다. 아이들이 뛰어놀 놀이터를 만든다기에 원장의 허락을 받아 참가했다고

아이를 키워본 사람이라면 내가 사는 동네가
아이들이 놀기에 좋은 환경인지 알게 된다.
．
．
．
．
．

했다. 이어서 아이들의 손을 잡고 온 동네 주민들과 공동육아 공
동체 어머니들, 마을넷, 달팽이마을 같은 지역 풀뿌리 단체 대표
등이 속속 자리를 채웠다. 설계팀 표정이 환해졌다.

김 소장의 환영 인사로 워크숍을 시작했다. 나도 앞에 나가 이
번 놀이터 개선 사업이 무엇을 위한 사업인지, 어떻게 세이브더칠
드런이 이런 활동을 하게 되었는지 소개했다.

이어서 각 조별로 인사하는 시간을 가졌다. 제일 먼저 시작한
활동은 바로 추억의 빙고 게임이었다. 어린 시절 놀이를 이야기하
니 사람들이 입을 열기 시작했다. 활기차다. 분명 중랑구 주민들만
모였는데 전국 팔도 놀이가 튀어나온다. 이쪽 조에서 어떤 놀이에
대해 이야기하면 다른 조에서도 "아, 맞다! 나도 어릴 때 그 놀이
많이 했어" 하면서 대화가 오갔다. 어린 시절 놀이는 아무래도 다
들 비슷한 것 같다.

그렇게 빙고 게임을 마치고 본격적으로 워크숍을 진행했다. 상
봉, 세화 놀이터 인근 지도를 놓고 아이들의 동선을 그리며 동네에

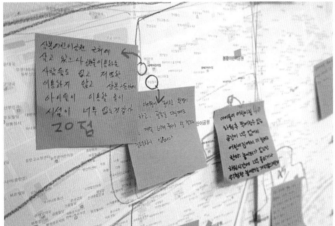

워크숍을 통해 지역의 놀이 환경을 함께 고민한 주민들.

놀이에 관심 있는 사람들이 생각보다 많다는 점을 확인할 수 있었다.

대한 이야기를 나누었다. 평소에는 생각하지 못했던 아이들의 동선을 그리다 보니, 자연스럽게 아이들이 놀이터를 얼마나 자주 이용하는지 알게 되었다. 이어서 중랑구 전체 놀이 지도를 펼쳐놓고 마흔두 개 놀이터를 평가해보았다. 선호하는 놀이터와 그렇지 않은 놀이터가 어디고 이유가 무엇인지 적어보니 필요한 놀이터가 어떤 놀이터인지 자연스럽게 생각이 모아졌다.

그런 방식으로 '안전한', '자연', '맘껏 뛰노는' 등의 키워드가 도출되었다. 마지막으로 중랑구 전체의 놀이 환경과 자기 동네 놀이 환경에 점수를 매겨보았다. 함께 참여한 중랑구 주무관이 놀이 환경이 나쁠 수밖에 없는 구조적 문제와 그런 와중에도 중랑구가 지닌 장점을 강조했다. 그러나 아쉽게도 놀이 환경 점수는 100점 만점에 47점에 그쳤다. 아이들이 사방팔방 뛰어다닐 공간이 없다는 의견과 노는 아이들을 보기가 어려워 우리 아이도 내보내기 어렵다는 의견이 많았다.

여섯 번의 주민 워크숍이 남긴 것

어느덧 워크숍을 마무리하고 2차 워크숍을 안내했다. 많은 분들이 다음 워크숍에도 당연히 참석할 것이고 주변 사람들에게도 추천하겠다고 했다. '이 사람들은 어떻게 바쁜 시간을 쪼개서 이곳에 오기로 마음먹은 걸까?' 나는 지금껏 동네 문제에 관심조차 가져본 적이 없는데 이 사람들은 무슨 이유로 여기까지 왔는지 자못 궁금했다.

"사실 놀이에 관심이 많았어요. 아이를 키우니까요. 아이가 어릴수록 놀이가 삶의 전부인데, 아무래도 제대로 놀기가 어려운 상황이더라고요. 집에서 놀기도 그렇고, 놀이터는 환경이 안 좋고 밖에서 노는 애들이 별로 없으니 우리 애만 내보내기도 좀 그렇고. 친구가 없어도 잘 놀긴 해요. 그래도 엄마랑 노는 것은 한계가 있잖아요.

그래서 이 워크숍에 참여하기 전에도 이곳저곳 많이 기웃거렸어요. 서울시에서 여는 놀이 관련 행사에도 가보고 놀이하는 분들 모임에도 나가 보고 책도 읽었는데, 사실 동네에서 하지 않으면 자주 참석하기 어렵더라고요. 그런데 얼마 전에 놀이터를 바꾼다는 이야기를 들었어요. 사람들 의견을 듣고 반영한다는 사실도 알게 됐죠. 이렇게 모인 사람들이랑 쭉 워크숍에 참가하다 보면 좋은 놀이터도 만들어지고 우리 아이가 더 잘 노는 데 도움이 될 것 같아서 참여했어요."

놀이에 관심 있는 사람들은 예전부터 있었다. 그들이 모일 자리가 없었던 것뿐이다. 아이를 키워본 사람이라면 아이들에게 놀이가 얼마나 중요한지 안다. 동시에 내가 사는 동네가 놀이에 좋은 환경인지도 알게 된다. 그러면 자연스럽게 놀이가 더 잘 이루어지는 환경을 궁리하게 된다. 위의 이야기를 해준 주민은 총 여섯 번의 워크숍에 빠지지 않고 참석했고, 나중에는 자연스럽게 놀이터 활동가가 되어 이후에도 많은 활약을 했다.

"사실 어른들 모시고 하는 워크숍에서 디자인을 많이 뽑아낼 수 있을 것으로 생각하진 않아요. 어차피 어른들은 보기에 괜찮고 안전하기만 하면 다들 좋아하시거든요.

하지만 이렇게 워크숍을 하면서 우리 동네의 놀이 환경을 생각하게 되고 더 좋은 놀이터가 필요하다는 데 공감하게 되어 같은 편이 되는 게 중요해요. 아이들의 놀이를 인정해주는 어른, 우리가 만들 놀이터를 지켜주는 어른이 많이 나올 수 있게 말이에요."

워크숍을 어떻게 준비할지 물었을 때 김 소장이 해준 말이다. 실제로 여섯 번의 주민 참여 워크숍을 마치고 나니 예사롭지 않은 답변이라는 걸 다시금 깨달았다.

까다로운
이웃들과
함께

"세화는 이해 관계자가 너무 많아요. 아이들, 주민들, 어린이집은 그렇다 쳐도 불만 많은 할머니들, 한밤중에 노는 청소년들, 캣맘, 고양이까지 우리가 상대해야 할 이해 관계자라니 이거 너무한 거 아닌가요?"

이영범 교수의 토로에 공감할 수밖에 없었다. 세화에는 유별난 이웃이 참 많았다. 앞집 할머니가 대표적이고 이 외에도 세화 놀이터를 바꾸는 과정에서 만나야 했던 이웃이 참 많았다.

첫째는 늦은 밤에 놀이터 주변을 배회하는 청소년들이었다.

저녁 여덟 시가 넘어 어스름해질 무렵, 교복 치마를 짧게 줄여 입은 여학생 세 명이 놀이터에 들어왔다. 아이들 말에 따르면 친구들끼리는 이곳을 '도깨비'라고 부른단다.

"저희도 잘은 모르는데 옛날부터 그렇게 불렀대요. 아니, 솔직히 동네에 갈 데가 있어야 가죠. 우리도 여기서 좀 쉬고 놀면 안 되나요?"

그렇잖아도 지역 주민들이 청소년의 야간 음주와 비행을 염려한다는 사실을 잘 알고 있었기에 조심스럽게 동네 주민들의 반응이 어떤지 물어보았다. 아이들은 여기서 소리를 지르고 춤을 추는 것도 아니고 잠깐 와서 술만 마시고 가려는 것뿐인데 왜 못하게 하는지 이해할 수 없다고 했다. 그러면서 오히려 우리에게 주민들이 경찰에 신고하지 않도록 말해줄 수 없느냐고 통사정을 했다.

그렇다. 이들도 놀이터를 이용하는 아이들이다. 비록 어른들 눈에는 못마땅해 보여도 이 아이들도 분명한 우리 이웃이다.

고양이 때문에 죽을 맛이야

둘째는 고양이다. 세화 주변에는 유독 고양이가 많았다. 갈 때마다 두세 마리씩은 꼭 보았으니, 그 수가 얼마나 많은지 가늠하기 어려웠다. 고양이 배설물이 많아서 모래 놀이를 하기 어렵다는 의견도 많았고, 특히 발정기 때 내는 소음은 아주 고역이라고 많은 주민이 이야기했다.

"고양이 먹이 주는 모녀 있지? 그 사람들이 먹이를 주고 난 뒤로 고양이가 더 많아졌어. 그만 줬으면 좋겠는데 몇 번 말해도 듣지를 않아." 공개적으로 캣맘을 비난하는 할머니도 있었다.

처음에는 단순히 고양이를 어떻게 퇴치하면 좋을지 생각했다. 더 이상 밥을 주지 말라고 캣맘을 설득하고 고양이가 싫어하는 주파수를 내뿜는 기계를 설치할까도 생각했다. 전기 자극을 줘서 다시는 못 오게 하는 방법도 생각했다. 멧돼지나 호랑이 분뇨를 사서 뿌릴까 하는 생각도 했지만, 모두 현실적으로 어려움이 있었다.

어찌 보면 길고양이도 인간의 탐욕과 급격한 도시화의 희생양인데, 함부로 대하기에는 마음이 아팠다. 동물보호협회에서 소송을 걸지 않을까 걱정도 됐다. 그래서 우리를 도와줄 사람을 찾아 나섰다.

"길고양이를 없앨 방법이 아니라 공존할 방법을 고민해주셔서 감사합니다. 우리가 도울 수 있는 부분은 최대한 도울게요."

길고양이보호협회에서는 길고양이가 우는 이유는 발정기와 식량 다툼 두 가지 때문이라고 했다. 또한 주민들이 걱정하는 대로 전염병을 옮기지는 않는다고 했다. 게다가 놀이터 모래는 고양이들이 좋아하는 모래가 아니어서 고양이 화장실 전용 모래를 주면 더 좋아한다는 팁도 주었다. 길고양이 인식 개선을 위한 주민 교육이나 고양이 화장실 지원도 가능하다며, 필요하면 바로 협조하겠다고 했다.

하지만 가뜩이나 놀이터 개선 과정에서 이런저런 말이 많은데, 고양이 문제까지 해결하겠다고 하면 부작용이 생길 것 같았다. 우리 프로젝트는 놀이터 만들기이지 고양이와 놀이터의 공존은 아니었기에 그 부분까지 힘을 쓸 여력이 없었다. 이 문제는 우리 한계를 인정하고 지역 공동체와 함께 개선 방법을 찾아보는 선에서 마무리해야 했다.

놀이터는 무슨, 운동기구나 갖다놔

마지막은 앞집 할머니였다. 동네 할머니들을 처음 만난 것은 세화 놀이터에 처음 방문했을 때였다. 할머니들은 동네에서 못 보던 청년 하나가 휴대전화를 들고 이리저리 돌아다니며 놀이터 사진을 찍자 자못 궁금해하셨다.

"할머니들, 안녕하세요! 저는 세이브더칠드런이라는 기관에서 놀이터를 좀 보러 나왔어요. 여기 놀이터는 없어진 지 꽤 됐나 봐요. 놀이 기구도 없고 조용해서 애들이 별로 안 놀겠어요?"

할머니들은 잠시 서로를 돌아보며 낯선 청년을 어떻게 대할지 침묵하더니 이내 말을 쏟아냈다. 이 놀이터가 언제부터 이랬는지, 왜 요즘 아이들이 안 오는지, 놀이터가 얼마나 우범지대가 되었는지 거친 표현을 섞어가며 자진모리장단으로 말을 쏟아냈다.

그간 쌓인 게 많아 보였다. 특히 야간 소음에 예민했다. 밤에 놀이터에 몰려오는 청소년들이 얼마나 소리를 많이 지르는지, 얼마나 담배를 많이 피우고, 차마 눈 뜨고 못 볼 짓(?)들을 얼마나 많이 하는지, 아주 친절하고 상세히 알려주었다. 우범지대가 되어버려서 원래도 아이들이 잘 안 왔는데, 2~3년 전에 놀이 기구를 다 철거한 뒤로는 아이들의 발길이 뚝 끊겼다고 했다. 신혼부부들이 이사를 많이 갔다며 마지막에는 동네 집값 이야기까지 나왔다. 나는 이런저런 추임새를 넣으며 질문을 이어갔다.

"할머니, 그럼 이 놀이터가 바뀐다면 아이들이 많이 와서 놀까요? 할머니들은 이 놀이터가 바뀌면 어떨 거 같아요?"

나는 할머니들이 우리 놀이터 프로젝트의 든든한 지원군이 되었으면 했다. 이분들도 좀 더 나은 환경에서 쉴 수 있으니 누이 좋고 매부 좋은 것 아닌가. 그때 한 할머니가 지팡이로 바닥을 쿵 치며 화를 냈다. 앞집 할머니였다. "아니, 이놈의 놀이터 다시 바꾸면 뭐해. 그냥 없애버렸으면 좋겠어. 애들 오면 시끄럽기만 하고 아주 딱 질색이야. 그냥 우리 노인네들 위해서 운동기구나 좀 더 가져다놓으라고." 공격적인 발언에 순간 어안이 벙벙해졌다. 그때 앞집 할머니의 이후 행동을 짐작이라도 했더라면, 설계팀에게 미리 주의를 줄 수 있었을 텐데.

할머니는 다른 할머니들 등쌀에 못 이겨 금방 화를 누그러뜨렸고, 난 그러려니 하고 넘어갔다. 혹시 무슨 일이 생기면 다른 할머니들이 우리 지원군이 되어줄 것으로 생각했다. 하지만 내 착각이었다. 설계팀이 놀이터를 만들기 위해 아이들과 주민들을 만나면서 할머니의 반발도 심해졌다.

"대리님, 앞집 할머니 아시죠? 그 할머니가 우리 보고 얼마나 잔소리를 하는지, 너무 힘들어요. 혼자 계실 때는 얼마나 *꼬장꼬장*한지. 그리고 다른 할머니들도 분위기가 바뀌어서 놀이터 대신 본인들이 쓸 피트니스 센터를 만들어달라고 하세요."

참여 활동을 시작하고 얼마 지나지 않아 세화 놀이터 설계팀 하춘 팀장은 이렇게 하소연했다.

"뭐, 다 그렇죠. 반대하는 사람들도 있고 하고 싶은 이야기가 많은 사람들도 있고요." 그때까지도 나는 아무런 위기를 감지하지 못하고 한가한 소리를 했다. 그런데 상봉에 비해 도무지 진도가 나가지 않아서 대체 세화 놀이터에 무슨 일이 있나 알아보니 앞집 할머니 때문에 세화 놀이터 개선 사업이 중단될 위기였다. 할머니는 40년 넘게 놀이터 건너편에 살면서 놀이터 때문에 이만저만 피해를 본 게 아니었다. 이번에 놀이터를 만들 때 주변에 울타리를 치고 밤에 출입을 막지 않으면, 공사장에 드러누울 테니 산송장 치울 줄 알고 엄포를 놓았다.

알고 보니 할머니 집 우편함이 방화로 완전히 불에 탄 적도 있고, 집 앞에 세워둔 오토바이에도 누가 불을 질러서 다 타버렸다고 했다. 이미 놀이터 야간 소음으로 화가 단단히 나 있던 터라, 두 번의 화재를 겪은 뒤로는 놀이터라면 아주 학을 뗐다. 그런 상황에서 외부인들이 들어와 놀이터를 새로 만든다고 하니, 아예 울타리를 치고 문을 걸어 잠가서 밤에는 이용하지 못하게 하자고 했다. 할머니의 사정을 듣고 나니 그간의 언행이 이해가 되었다.

설계팀은 놀이터에 울타리를 칠 계획이 전혀 없었다. 하지만 할머니가 워낙 강경했다. 그래서 할머니를 직접 설득하는 대신 다른 주민들의 힘을 빌리기로 했다.

세화 놀이터는 삼면이 모두 주택과 마주하고 있어서 다른 주민들이 동의해준다면 어느 정도 설득이 가능해 보였다. 하지만 다른 주민들의 불만도 할머니 못지않았다. 이영범 교수의 설명에 따르면, 놀이터 옆에 사는 한 주민은 여름밤 놀이터에서 큰 소리로 떠드는 청소년들에게 담장 너머로 물까지 퍼부었다고 했다.

놀이터를 활용하지 못한 대가

주민들의 스트레스는 비단 청소년들에게서 비롯된 문제만은 아니었다. 세화 놀이터 주변에 주민들을 위한 쉼터나 공원, 청소년들이 갈 만한 장소가 없어서 청소년부터 나이 든 어르신들까지 모두 놀이터로 몰려드는 것이었다. 동네 아주머니들이 에어로빅댄스 동아리를 만들어 이른 아침부터 이곳에서 신나는 댄스 음악을 틀어놓고 운동을 했고, 한여름이면 해가 저물었는데도 놀이터 가로등 아래에 돗자리를 깔고 세월아 네월아 고기를 구워 먹으며 술 마시고 노래 부르는 사람들도 있었다고 한다. 평생 한 번 왔다 가는 사람이나 한 달에 한두 번 이용하는 사람은 열린 공간에서 맘껏 즐기다 가면 그만이다. 하지만 놀이터 주변에 사는 주민들은 그런 사람들 때문에 스트레스가 쌓인다. 참는 것도 하루 이틀이다. 장소를 제대로 활용하지 못한 대가가 그대로 부메랑으로 돌아오고 있었다.

설계팀은 놀이터에서 멀리 떨어진 곳에 살면서 놀이터를 자주 이용하는 사람들에게도 의견을 물었다. 흥미로운 결과가 나왔다. 놀이터 주변에 사는 사람들은 울타리를 치는 것에 찬성하는 반면, 놀이터에서 멀리 떨어진 곳에 사는 사람들은 강하게 반대했다. 놀이터는 공공 공간인데 일부 주민들의 편의를 위해 이용 시간을 제한해야 하는 이유를 모르겠다며 불편한 심경을 토로했고, 울타리를 치면 놀이터가 너무 삭막해 보일 거라며 강하게 반대했다. 특히 아이들의 놀이터는 자유롭고 열린 공간이어야 하는데, 울타리를 치면 아이들의 상상력과 꿈도 같이 제한될 거라고 이야기하는 사람도 있었다. 그렇게 놀이터 주변 주민과 멀리 사는 주민의 이해관계가 충돌했다.

이영범 교수는 월례회의 때 이 안건을 상정하고 그간 설계팀이 주민들에게서 들은 의견을 발표했다. 우리는 심도 있게 이 문제를 논의했다. 우선 울타리가 아이들의 놀이에 어떤 영향을 미칠지 고민했다. 사실 아이들이 놀이터를 이용하는 시간은 어느 정도 정해져 있다. 울타리를 치더라도 야간에만 닫아놓을 테니 아이들의 놀이에 큰 영향을 미칠 것 같지 않았다.

다음에는 저녁에 갈 곳 없는 청소년들의 문제를 생각해보았다. 사실 대한민국에 청소년들이 갈 수 있는 곳은 거의 없다. 힘든 학업을 마치고 잠깐 친구와 노닥거리며 컵라면이라도 하나 먹을 편안한 벤치조차 없다. 월례회의에 참석한 사람들도 청소년기에 놀이터에서 친구들과 나눴던 시간을 생각하며 안타까워했다. 특히 예전부터 도깨비 놀이터로 불리며 청소년의 아지트 역할을 해온 세화 놀이터에 울타리를 친다면 동네 청소년들이 느끼는 상실감도 꽤 클 터였다.

공공 공간을 둘러싼 주민 간의 갈등

상상해보았다. 애초에 동네에서 가장 좋은 곳에 터를 잡고 충분한 공간을 할애해 놀이터를 만들었다면 어땠을까? 우리 주변에는 쥐어짜듯 공간을 뽑아내서 조야한 놀이 기구들을 우겨넣은 놀이터가 많다. 공간이 좁으니 나무나 수풀을 우거지게 심어 자연 방음장치를 만들지 못했다. 완충 공간 없이 주택 바로 옆에 구겨넣은 세화 놀이터 같은 곳도 많다.

청소년을 위한 각종 놀이 공간과 쉼터가 동네 곳곳에 있다면 어떨까? 어르신들이 편하게 갈 수 있는 사랑방이 지역사회에 충분

쥐어짜듯 공간을 뽑아내서
조야한 놀이 기구들을
우겨넣은 놀이터가 많다.

⋮

히 있다면 어떨까? 굳이 아이들의 공간인 놀이터를 찾지 않아도
되었을 것이다. 아니, 동네에 작은 공원 하나만 더 있었어도 상황
은 달라졌을지 모른다. 결국 시스템과 환경이 갖춰지지 않은 상황
에서 자율적인 배려를 기대하며 인근 주민들에게 언제까지나 희
생을 강요할 수는 없는 노릇이다.

　이영범 교수는 놀이터라는 공공 공간을 두고 직접 이해관계자
와 간접 이해관계자 간에 갈등이 생기는 것을 무엇보다 우려했다.
특히 세이브더칠드런이 만들고자 하는 놀이터가 아이들이 제대로
노는 놀이터인데, 그러려면 기본적으로 놀이터가 주민들에게 사
랑받는 공간이어야 한다. 또한 지역 주민들이 아이들의 놀이를 용
인하고 북돋워줄 수 있는 분위기여야 한다.
　하지만 이런 상태로 주민들 간의 합의 없이 설계팀의 의지대로
밀어붙인다면 놀이터 공사를 하는 과정에서 잦은 마찰이 생기는
것은 물론이고, 인근 주민들은 놀이터가 완성된 뒤에도 아이들이

노는 것을 달가워하지 않을 게 뻔했다.

놀이터가 기피 대상이 되기까지

설계팀은 이미 답을 가지고 있었다. 답은 본연의 역할에 충실한 놀이터를 만드는 것이다. 놀이터는 어떤 곳이어야 할까. 이름이 말해주듯 놀이터는 아이들이 놀기에 가장 좋은 '터'여야 한다. 다른 기능은 부차적이다. 조금은 야속할지 모르지만 놀이터를 이용하는 아이들에게 초점을 맞춰서 놀이를 하기에 최적의 환경을 만드는 데에만 몰두하기로 했다. 놀이터를 바꾼다고 지역사회문제까지 한꺼번에 해결할 수는 없기 때문이다.

마음 같아서는 충분한 시간과 예산을 가지고 지역에 또 다른 커뮤니티 공간도 만들고 청소년과 지역 주민들의 인식 개선 활동도 함께 진행하고 싶었지만 그럴 수 없었다. 대신 주민 설명회를 열어 주민들과 충분한 대화를 나누고, 놀이터 인근 주민들의 어려움을 다른 주민들에게 적극 알리기로 했다. 또한 울타리를 만들되 최대한 시야를 가리지 않고 밝은 느낌을 주는 색깔로 만들기로 했다. 겨울에는 밤 아홉 시, 여름에는 밤 열 시 이후에 닫는 대신 새벽에 운동하는 사람들을 위해 아침 일찍 열기로 했다.

수많은 놀이터가
기피 대상 1호로 전락하고 있다.

:
:

　결과적으로 송장 치울 일은 없었지만, 이런 갈등이 어디 세화 놀이터 한 곳만의 문제일까. 앞집 할머니의 유난이 비단 개인의 성격 탓일까. 우리 주변의 수많은 놀이터가 같은 문제로 몸살을 앓고 있다. 실례로 상봉 놀이터도 동네 주민들의 통로로 이용되고 있어서 울타리를 치자는 이야기만 나오지 않았을 뿐이지 소음, 청소년 비행, 심지어 조명이 자기 집 쪽을 너무 비춰서 밤에 잠을 이루지 못한다는 주민들도 있을 정도로 각종 불만이 이만저만이 아니었다. 어떤 사람은 조명 한쪽을 검은 페인트로 칠하기까지 했다고 하니, 그 고충이 짐작이 된다.

　한 평이라도 땅을 더 개발해 수익을 내려는 삭막한 도시에서 얼마나 많은 놀이터가 기피 대상 1호로 전락하고 말았을까. 결국 가장 큰 피해자는 우리 아이들이다.

　놀이터는 이런 곳이다. 동네에서 벌어지는 일이 그대로 반복된다. 동네가 안고 있는 문제가 그대로 드러난다. 청소년 문제, 고양이 문제, 소음 문제, 공간 점유 문제, 볼썽사나운 이웃 문제 등, 모든 문제가 함께 맞물려 서로 조금씩 영향을 끼치고 있다.

그렇다면 거꾸로 생각해보면 어떨까? 하나를 해결하면 다른 문제들까지 바뀌는 계기가 되지 않을까? 좋은 놀이터가 만들어지면 동네가 안고 있는 여러 문제에 조금이라도 좋은 영향을 끼칠 수 있지 않을까? 아이들의 삶의 질을 높이는 일은 놀이터 한 곳만 잘 고친다고 완성되지 않는다. 우리네 삶이 그만큼 복잡하기 때문이다. 하지만 하나를 잘 바꾸면 다른 것들도 좋게 바뀔 수 있다고 믿는다. 세화 놀이터의 변화가 동네의 변화로 이어지기를 기대해본다. 그래서 십대 학생들도, 캣맘들도, 지역 주민들도, 아이들도, 고양이들도 잘 만든 놀이터에서 좋은 영향을 받기를 기대해본다.

모래 바닥
vs
고무 바닥

"이제 와서 뭘 어쩌자는 거지? 그냥 진행해도 좋을걸."

3월의 마지막 날, 곧 공사를 시작해야 할 시기에 놀이터 바닥재 관련 회의를 준비하며 구시렁거렸다. 촌각을 다투는 상황에서 웬 바닥 이야기람. 필요한 논의이긴 하지만 마지막까지 바닥 때문에 속을 썩을 줄은 몰랐다.

"아, 바닥이 고무네요. 이럼 안 되는데…… 그것도 꽤 넓네요. 혹시 모래로 바꿔주실 수 있나요?

"바닥이 꼭 고무여야 해요? 고무는 나쁜 물질도 많이 나오고 여름에는 고약한 냄새가 나잖아요. 애들한테는 모래가 최곤데."

"아이들은 자연에서 놀아야 합니다. 그런데 놀이터에 고무라 뇨? 화학 물질은 모두 빼고 아이들에게 친환경 놀이터를 돌려줍시다."

놀이터 디자인이 완성되어 여러 사람에게 보여주었을 때 들은 말이다. 서울시는 우리와 함께 만드는 놀이터 말고도 다른 놀이터를 만들고 있었는데, 그곳은 모두 모래를 쓴다며 우리에게도 모래를 더 사용할 수 없느냐고 조심스럽게 물어왔다. 중랑구 주민들 가운데 우리 활동에 관심이 많고 이후 놀이터 활동가를 자처한 사람들을 모아 미팅을 했을 때도 같은 반응이었다.

　놀이터에 관심이 많은 사람일수록 외국 놀이터는 모래뿐 아니라 나무톱밥, 왕겨, 굵은 자갈 등 다양한 소재를 사용한다며 우리에게도 그런 소재를 활용해달라고 부탁했다. 예산에 한계가 있다는 사실은 모르나 보다. 사회적으로 이름깨나 알려진 일부 놀이터 운동가들은 정말 이상적인 입장을 내세우면서 우리 놀이터가 자신들의 철학을 구현해주길 원했다. 무엇보다 우리 놀이터가 좋은 선례를 만들어야 하는데, 고무 바닥은 그런 점에서 맞지 않다며 아쉬워했다.

고무 바닥이냐, 모래 바닥이냐

"무슨 고양이 뒷간 만들려고 그래? 지금 있는 고양이로도 충분해. 더 이상 늘릴 생각 하지도 마."

"모래는 다 좋은데 관리가 잘 안 돼요. 아이들이 가지고 놀다 보면 어느 순간 모래를 던지고 보도블록까지 모래를 다 퍼트려요.

그러다 넘어지기도 쉽고요."

"모래를 깔면 자주 뒤집어주고 소독해야 하는데, 지금 구청 인력으로는 불가능해요. 관리 인력을 더 두거나 아니면 외부 업체에 의뢰해야 해요."

어른들이 모래를 싫어하는 이유는 크게 두 가지였다. 우선, 모래가 기생충이나 고양이 변으로 더러워질 가능성이 크다는 것이다. 동네에 길고양이가 많아서 지금 있는 모래도 관리가 안 되는 판국에 더 보탤 수는 없다고 했다. 특히 세화는 캣맘 때문에 가뜩이나 말이 많은데, 놀이터 전체에 모래를 깔면 아이들이 제대로 놀지 못할 거라는 이야기도 있었다. 또한 모래는 관리가 까다로워서 지역 주민들이 도와주지 않는 이상 구청 인력만으로는 효율적으로 관리하기 어렵다고 했다.

"고무 포장도 모래도 분명 한계가 있어요. 지금 상황에서는 고무든 모래든 상관없어요. 세이브더칠드런의 의견을 듣고 싶어요."

김연금 소장의 정식 요청에 따라 우리는 검토를 시작했다. 이번 프로젝트 파트너인 C프로그램의 엄윤미 대표도 함께 참여했다. 상봉과 세화의 실시설계 최종 디자인을 보면서 어떤 바닥이 놀이에 최적일지 고민했다. 부장과 팀장은 특별한 결격 사유가 없는 이상 설계팀의 디자인을 존중하자는 의견이었다. 엄 대표의 생각도 같았지만, 가능하다면 좀 더 나은 방법을 찾아보자고 했다. 그러나 내부에서는 특별한 답이 나오지 않았다. 그럼에도 우리에게는 일말의 실마리, 아니 판단 근거가 있었다. 바로 아이들의 의견이었다. 아이들의 의견에 따라 놀이터 바닥을 어떻게 할지 결정하자는 결론이 나왔다.

아이들은 답을 알고 있다

아이들도 놀이터 바닥에 대해서는 생각이 갈렸다. 서울숲에서 강한 인상을 남긴 미연이는 모래 놀이를 무척 좋아했다. 또한 많은 아이들이 모래와 물이 있으면 할 수 있는 놀이가 많다고 알려주었다. 환경이나 고양이 이야기는 제쳐두고, 철저히 아이들의 놀이에 적합한 환경을 모래가 만들어줄 수 있는지에 집중했다. 그럼 이대로 놀이터를 모래 바닥으로 바꿀까 했지만, 이내 우리는 그게 답이 아닐 수 있음을 알게 되었다.

모래가 오히려 놀이터의 독이 될 수도 있었다. 한 달 전에 진행했던 1차 어린이디자인위원단 모임에서 나온 이야기를 떠올리니 아이들은 모래가 싫어서 놀이터에 가지 않는 경우도 많았다. 설계팀이 아이들을 상대로 상봉 놀이터 인근에 있는 일곱 개 놀이터에 대한 선호도를 조사했을 때 모래가 있어서 별로라는 이야기가 많았다. 특히 모래 자체는 문제가 없지만 모래가 잘 관리되지 않았을 때 생기는 냄새와 곳곳에 널린 쓰레기, 물이 잘 빠지지 않아 생

아이들의 의견을 참고해 놀이터 바닥 일부만 모래로 채웠다.

기는 습하고 더러운 느낌을 싫어했다. 그런 놀이터에는 아이들이 발길을 끊었다.

"모래는 좋긴 하지만 신발에 들어가고 냄새가 나요. 자전거도 탈 수 없고요. 전부 모래로 하기보다 더 어린 아이들을 위해 따로 한쪽에 만들어주세요."

그래, 이게 답이었다. 우리는 아이들의 의견을 종합해 설계팀의 방침을 존중하기로 했다. 설계팀에서는 아이들이 맘껏 뛰어노는 데 방점을 찍기로 했다. 모래는 맘껏 뛰어노는 데 오히려 방해가 되었다. 특히 제법 큰 아이들은 신발에 모래가 들어가는 것을 엄청 싫어했다. 하지만 아이들은 어린 동생들이 모래 놀이를 좋아한다는 것을 알기에 한쪽에 모래 놀이터를 만들어주는 대안을 제시했다.

"우리가 고민하는 부분을 어쩌면 해결할 수도 있을 것 같아요!"

바닥 논의가 있고 며칠 뒤 엄 대표가 밝은 목소리로 전화를 했다. 만약 고무 바닥 접착제로 마늘 접착제를 쓰면 그보다 더 친환경적이고 좋은 아이템이 없을 것 같다고 했다.

우리는 마늘 접착제를 개발한 사람을 만나보았다. 모두 제품의 탁월함에 감탄했지만, 실제로 이것을 어떻게 놀이터 바닥에 적용할지 논의하자 막히는 부분이 많았다. 추가 개발과 상품 등록을 위한 검증, 환경부 인증을 받기 위한 절차 등을 계산하니 시간이 너무 오래 걸렸기 때문이다. 아쉽지만 지금 상황에서 구할 수 있는 가장 좋은 제품을 사용하기로 하고 바닥 논의을 마쳤다.

　지금 돌이켜보면 우리 선택이 적절했다는 생각이 든다. 아이들이 그렇게 뛰기를 좋아하는데 바닥을 온통 모래로 채웠다면 분명 매력이 크게 반감됐을 것이다. 또한 어린아이들을 위해 모래 놀이 공간을 한쪽에 만들어준 것이 자연스럽게 놀이 공간을 분리해서 나이대에 맞는 활동 공간을 찾게 해주지 않았나 싶다.

　바닥 전쟁은 생각보다 쉽게 끝났지만, 아이들의 의견을 기반으로 디자인을 하는 절차를 정립하는 데 좋은 경험이 되었다. 그나저나 지금은 마늘 접착제가 만들어졌을지 모르겠다. 놀이터에서 마늘향이 솔솔 나면 어떤 느낌이려나? 아이들은 그래서 싫어할 수도 있겠다. "으~ 냄새" 하면서 말이다. 놀이터 관련 산업이 발달해서 다양한 재료가 만들어지면 좋겠다. 놀이터가 조금 더 안전하고 친환경적인 공간으로 바뀌어간다면 다음 바닥 전쟁 때는 새로운 이야기가 펼쳐질 수도 있겠다.

놀이터를
다시 열던 날

"제 대리님, 놀이터 개장식 할지 말지 오늘 중으로 알려줘요."

고민이 되었다. 숱한 과정을 거쳐 만든 놀이터도 제대로 홍보하고 싶었고, 여름 내내 시끄러운 공사를 참아준 동네 주민들에게 제대로 인사도 하고 싶었다. 특히 두근대는 마음으로 기다렸을 아이들에게 인사하고 싶었다. 아이들은 우리보다 더 놀이터가 완공되길 기다려왔다. 툭하면 놀이터 공사 현장에 들러 물었다.

"놀이터 언제 만들어져요? 우리 언제부터 놀면 돼요?"

주민들도 놀이터가 완공되길 기다리기는 마찬가지였다. 소음과 먼지 때문에 얼른 끝났으면 하는 현실적인 이유도 있었지만, 많은 주민이 동네에 좋은 공간이 생기는 데 대한 기대감을 드러냈다. 특히 어린 자녀를 둔 부모들의 기대가 컸다. 부모가 아이들을 데리고 공사 중인 놀이터에 들러 "놀이터 완성되면 여기서 놀자" 하고 말하는 모습도 여러 번 보았다. 마을 공동체에서도 놀이터 운영위원회를 조직해 놀이터를 더 잘 관리하고자 놀이터 활동가 모임을 준비하고 있었다.

그런데 엉뚱한 곳에서 문제가 생겼다. 바로 메르스였다. 최초 사망자 발생 이후 집 밖에 나가기를 다들 두려워했고 이런 분위기가 점점 심해졌다. 언론에서도 사람이 많이 모이는 행사가 모두 취소되고 있다고 보도했다. 상황이 이러니 아이들의 안전이 가장 염려되었다.

"팀장님, 아무래도 이번 개장식은 미뤄야 할 것 같습니다. 대신 놀이터 사용이 가능하다는 현수막은 붙여놓겠습니다."

결국 자의 반 타의 반 개장식은 미뤄졌고, 놀이터는 조용하게 개장했다. 아쉬웠지만 머릿속에 또 하나의 아이디어가 떠올랐다. 행사를 꼭 개장한 그날 해야 하나? 아이들과 지역 주민들이 충분히 물고 뜯고 씹고 맛본 다음에 놀이터가 확실히 자리 잡았을 때 모두 축하하는 자리를 만들면 어떨까?

상봉 놀이터를 접수한 아이들

6월 12일 낮 열두 시, 드디어 상봉 놀이터를 아이들에게 돌려주는 날이었다. 놀이터는 이미 아이들이 와서 놀기에 충분한 모습을 갖췄지만, 조금 더 완벽한 상태에서 아이들에게 놀이터를 돌려주고자 전날부터 종일 울타리도 손보고 청소도 깨끗이 했다. 이런 우리 마음을 아이들이 알까?

그런데 막상 당일이 되자 나도 모르게 겁이 났다. 준공 검사를 통해 놀이터가 잘 만들어졌다는 것을 알고 있었지만, 앞으로의 과정은 또 다른 숙제처럼 느껴졌다. 놀이터로 향하는 내내 손이 덜덜 떨렸다. 그때였다.

"와아아!" 멀리서 아이들 노는 소리가 들려왔다. "어라, 아직 시간 안 됐는데 이상하다. 아이들이 놀려면 한참 남았는데."

상봉 놀이터는 이미 아이들이 접수한 상태였다. 커다란 조합놀이대 꼭대기에 한 녀석이 올라가서 타잔처럼 소리를 지르고, 반대편에서는 여자아이 몇 명이 모여 고양이처럼 모래를 파헤치고 있었다. 저 구석에서는 시공을 담당한 아트니어링의 임용현 대표와 인부들이 정리 작업을 하고 있었다. 나는 무척 당황해서 어떻게 된 상황인지 물었다.

"아이들이 아침부터 나와서 계속 두리번거리며 언제부터 놀 수 있느냐고 성화잖아요. 어쩔 수 없이 얼른 마무리하고 일찍 열어줬어요. 이 친구들 벌써 두 시간 넘게 놀았을걸요."

놀고 있는 아이들 얼굴을 보니 상기될 대로 상기되었고 온몸에서 땀이 줄줄 흘렀다. 6월은 오전부터 더우니 쉬고는 싶은데, 노는 게 너무 재미있어서 어쩔 줄 몰라 하는 얼굴이었다. 아이들의 작은 몸 안에서 놀이 본능이 폭발하고 있었다. 날이 더워서인지 아

이들 숫자가 많진 않았지만, 그래도 열 명은 족히 넘어 보였다. 아이들은 놀이터 공간을 온전히 활용해서 열심히 뛰어 놀았다.

"아저씨, 왜 이제 왔어요? 여기 진짜 대박이에요. 완전 재밌어요."

짧은 머리에 통통한 인상이 매력적인 해성이가 나를 잡아끌었다. 세 번에 걸쳐 진행한 어린이디자인위원단 모임에 열심히 나왔던 아이들이 많아서 낯이 익었다. "해성아, 뭐가 제일 재밌어?" 하고 묻자 미끄럼틀을 가리켰다. "높아서 완전 좋아요." 해성이의 손에 이끌려 나도 미끄럼틀을 타보았다. 덩치가 커서 쭉쭉 내려오진 못했지만 그래도 재미있었다. 세이브더칠드런의 '놀이터를 지켜라' 캠페인 담당자들 모임인 놀지모 사람들도 지금 이 순간만큼은 어린아이로 돌아가 각자 좋아하는 기구들을 하나씩 건드려보고

아이들의 의견을 반영해 개선한 세화 놀이터. 유아부터 초등학생까지 다양한 아이들을 위한 공간으로 탈바꿈했다.

놀고 있는 아이들에게 사용법을 물어보았다.

나는 아이들이 열사병에라도 걸릴까 싶어 냉큼 놀이터 앞 가게에 가서 음료수를 사 왔다. 마무리 작업으로 바쁜 소장과 인부들에게 먼저 음료수를 나눠주고 아이들도 목을 축일 수 있게 도왔다. 그리고 한동안 벤치에 앉아 아이들의 놀이를 지켜보았다.

"하길 잘했다. 아이들이 이렇게 좋아하다니, 하길 잘했어."

나도 모르게 혼잣말이 튀어나왔다. 아이들이 사방팔방에서 온 힘을 다해 노는 모습을 지켜보고 있자니 처음 놀이터에 왔을 때가 생각났다. 놀이 기구가 철거되어 땅이 파인 흔적만 듬성듬성 있던 놀이터, 놀 곳이 없어 피시방에 간다던 아이들, 옹송그리던 아이들, 놀이터를 새로 짓는다고 하자 눈에 불을 켜며 아이디어를 쏟아내던 아이들. 이 아이들이 새로 만들어진 놀이터를 온몸으로 즐기며 열렬히 환영하고 있었다.

이 동네에 아이들이 이렇게 많았어요?

상봉에서 한 시간가량 아이들의 놀이를 관찰하고 아이들이 사용하기에 문제가 있는 곳은 없는지 꼼꼼히 살폈다. 그리고 아직 용도를 잘 몰라서 쓰지 않고 있는 바닥 낙서판에 가장 먼저 분필로 큼지막하게 손도장을 찍어놓았다. 아이들도 이곳에 자신만의 이야기를 써내려가길 기대하면서. 아이들은 노느라 우리가 가는 줄도 몰랐다. 우리는 아이들이 자기들만의 이야기로 놀이터를 색칠하길 바라며 슬며시 자리를 피했다.

세화도 이미 아이들이 접수한 상태였다. 동네 아이들은 죄다 모여 있었고 유모차 부대도 아이들 못지않게 많았다. 어머니들도 아이들의 놀이를 지켜보며 이야기를 나누고 있었다.

"와, 세화에 이렇게 아이들이 많았어요?"

나도 모르게 감탄을 터트렸다. 정말이지 아이들이 엄청 많았다. 서른 명 가까운 아이들이 놀이터 곳곳에 모여 놀았다. 어린아이들은 어린아이들끼리 엄마와 함께 놀고, 조금 큰 아이들은 자기들대로 한쪽 구석에 모여 놀았다. 세화는 아이 한 명 만나기 어려운 곳이었는데, 이게 어떻게 된 일인가 싶었다. 조용하고 을씨년스럽기만 했던 세화 놀이터, 할머니들만 놀이터 입구 정자에 앉아 연신 "여긴 애들 없어" 하며 기를 죽이던 세화에 아이들 노는 소리가 울려퍼지고 있다. 세화에서 아이들을 만나기 위해 고생했던 일들이 떠올라 순간 코끝이 찡했다. 어찌 된 일인지 너무 궁금해서 물어보기로 했다.

세화 놀이터 한가운데 있는 낮은 언덕 위 명당 자리에서 신나게 딱지를 치는 아이들 다섯 명이 눈에 들어왔다. 대부분 근처에 산다고 했다. 그동안 왜 안 왔느냐고 물었더니 올 일이 뭐 있었겠느냐며 신명나게 딱지를 쳤다. "놀러 온 첫날부터 딱지냐? 좀 뛰어놀지"라고 말하고 싶었지만, 아이들 눈에서 승부를 향한 이글거림이 느껴져서 내버려두었다. 다른 아이들과 어머니들에게도 물어보니 다들 새로 생겨서 왔다며 예전에는 여기가 올 곳이라고 생각한 적이 없다고 했다.

"제 대리님, 입 꼬리 좀 내려요. 아주 웃음이 떠나질 않네요."

놀지모에서 마케팅을 담당하는 영진 대리가 실실거리며 돌아다니는 나를 보고 한마디 한다. 그러면서 함께 배시시 웃었다. 함께 간 사람들 모두 싱글벙글한다. 웃음은 전염성이 있다. 아이들이 웃으니 내가 웃고, 내 모습을 보고 놀지모 사람들도 웃는다. 그런 우리를 보고 주민들도 뭐가 그리 좋으냐며 싱글싱글한다. 동네에 놀이터 하나 생겼을 뿐인데 모두의 얼굴이 환하다.

상봉 어린이공원 디자인 개념

- 성격이 모호한 공간
- 모퉁이 공간
- 모서리 공간 만들기

놀이 관찰 결과, 아이들은 자신들이 만든 놀이 규칙에 따라 놀이터를 자유롭게 활용했다. 따라서 상봉 어린이공원은 아이들 스스로 놀이를 상상하고 발전시켜 나갈 수 있도록 사각형 공간을 겹쳐 특정 기능을 갖지 않는 성격이 모호한 공간으로 디자인했다.

마음껏 뛸 수 있는 넓은 공간을 확보하기에는 한계가 있어 작은 언덕, 뾰족한 산 등을 만들어 공간을 수직적으로 확장하고 바닥 자체가 놀이의 한 요소가 될 수 있도록 조성했다. 또한 청소년과 노인, 주부 등 지역민 모두가 이용할 수 있도록 파고라와 벤치, 벽돌 공간을 따로 설치해 아이들의 놀이 공간과 구분지었다.

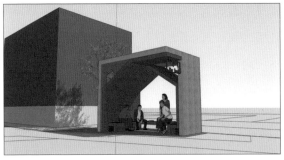

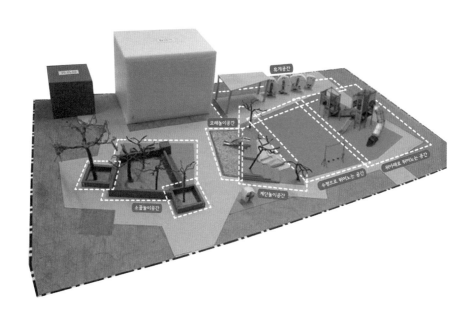

세화 어린이공원 디자인 개념

- ○ 울퉁불퉁 놀이터
- ○ 나무가 주인공인 놀이터
- ○ 마을 사랑방 놀이터

세화 어린이공원의 핵심 디자인 개념은 지형을 활용해 아이들에게 보다 많은 놀이 가능성을 제공하는 '울퉁불퉁 놀이터'다.

지형이 솟아오른 언덕은 그 자체가 아이들의 상상력을 불러일으킬 수 있는 좋은 놀이 기구가 된다.

또한 청소년, 주부, 노인 등 주민 모두가 함께 모이는 공간이 되길 바란다는 의견을 반영해 어른들을 위한 휴게공간과 산책로, 완충 녹지 역할을 하는 화단, 아이들을 위한 바닥, 모래, 숲 놀이터 등으로 영역을 세분화했다.

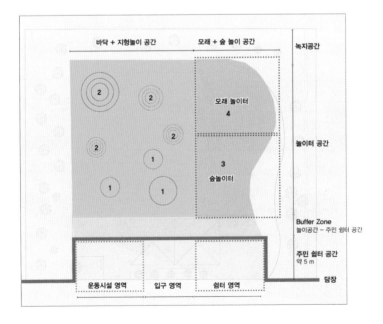

새로운 놀이터에서 노는 법

앞집 할머니가 달라졌어요

개장식 대신 놀이터 축제

마을 공동체의 힘을 느끼다

놀이터 백일잔치를 중계합니다

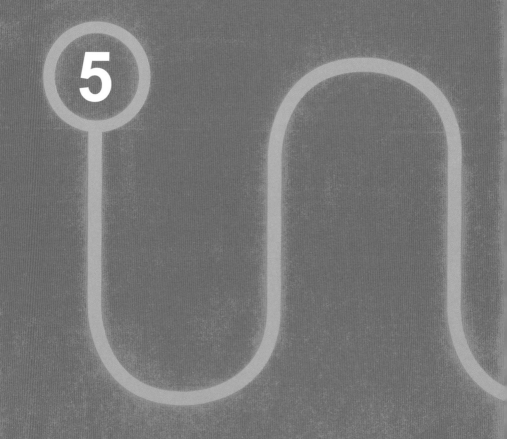

5

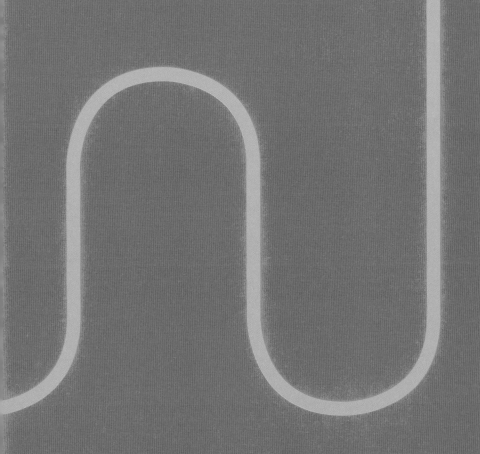

공동체를
살리다

새로운
놀이터에서
노는 법

놀이터를 개장하니 아이들은 너른 바닥에서 정말 열심히 놀았다. 잡고 잡히고 맘껏 소리 지르며 뛰어다녔다. 자전거와 킥보드, 롤러블레이드로 언덕을 거슬러 오르더니 미끄럼대 삼아 죽 내려오며 속도감을 즐긴다.

아이들은 언덕을 BMX를 즐기는 발판으로 활용했다. 전혀 예상치 못한 놀이였다. "하하, 아이들이 언덕을 미끄럼대로 활용하네요." 설계팀에서도 적잖이 당황했지만, 나름의 속도감과 긴장감을 즐기는 아이들을 보니 그것도 재미있겠다 싶었다.

"아이고, 저러다가 떨어져서 다치는 거 아냐?"

상봉 놀이터에는 다른 동네에서 보기 힘든 높은 미끄럼틀이 있다. 상봉어린이공원 디자인위원단에 참여한 아이들은 설계팀과 함께 지역 내 다른 놀이터들을 비교하더니 '높고 긴' 미끄럼틀이 필요하다고 했다. 아이들의 의견에 따라 국내 안전검사를 통과할

솜에 둘러싸인 아이는
모험을 배울 수 없다.

⋮

수 있는 한도 내에서 가장 높은 미끄럼틀을 설치했다.

아이들은 높고 흥미진진한 미끄럼틀을 처음에는 평소처럼 타고 내려오더니 조금 지나자 응용하기 시작했다. 미끄럼틀이 높아서 원통으로 만들 수밖에 없었는데, 어느 순간 한두 아이가 원통에 매달리기 시작했다. 나이가 좀 있는 아이들은 원통 홈을 발받침 삼아 거슬러 올라가면서 용감함을 뽐냈다. 어린아이들도 감탄하는 눈길로 쳐다보며 따라 하려고 낑낑거렸다. 보고 있자니 오금이 저렸다. 하지만 말리지는 않았다. 나 또한 어린 시절에 저렇게 놀았던 기억이 났기 때문이다.

우리 목표는 위험 제거가 아니다

어린 시절 우리 동네에는 아주 키가 큰 나무가 한 그루 있었다. 건물 2층 높이를 훌쩍 뛰어넘을 정도로 컸다. 동네 깊숙이 숨겨져 있었는데, 일제강점기 때 일본군이 나무의 영험함을 알아보고 그

아이들은 놀이 기구를 활용해 우리가 전혀 예상하지 못한 놀이를 만들어내며 놀았다.

같이 타야 재미있는 그네가
아이들이 자연스럽게
함께 놀도록 이끌었다.

⋮

앞에 음침한 회백색 건물을 지어 나무를 가렸다고 한다. 회백색 폐건물을 통과해야만 나무에 매달릴 수 있었는데, 건물 자체가 을씨년스러워서 어린아이들은 건물 앞에서 자지러지게 울곤 했다.

지금도 기억난다. 어린 시절 여러 날을 그 나무에 매달려 놀았다. 그 나무는 나뿐만 아니라 동네 아이들의 집합소였다. 할 일이 없을 때면 나무에 매달려 어디까지 갈 수 있는지 자신을 시험하곤 했다. 분명 떨어지면 크게 다칠 만한 곳이었지만, 그런 위험 때문에 더 조심스럽게 동네 형, 누나들이 닦아놓은 반질반질한 쪽으로 다니려고 노력했다. 그러면서 자연스럽게 모험심과 담력을 쌓았고, 더 무리하면 떨어져서 심하게 다칠 수 있다는 생각에 멈출 줄 아는 절제도 배웠다.

미끄럼틀을 거슬러 오르는 행동이 위험하다며 미끄럼틀을 없애버리면 어떻게 될까? 어른들이 볼 때는 도대체 왜 아이들이 굳이 저렇게 높이 올라가 조합놀이대 꼭대기에 서고 싶어 하는지 이해할 수 없지만, 그게 아이들의 본능인 것 같다.

영국 보건안전청은 균형 있는 놀이터 안전 관리에 관해 누리집에 이렇게 썼다. "놀이를 기획하고 기회를 제공할 때 우리의 목표는 '위험 제거'가 아니다. 솜에 둘러싸인 아이는 위험에 대해 배울 수 없다."

명백한 위해 요소를 제거하는 안전 관리는 중요하다. 그렇다고 위험하다는 이유로 무조건 기회를 빼앗는다면, 아이들은 아무것도 배울 수 없다. 놀이터에서 모험을 통해 위험에 대처하는 능력을 키울 기회를 아이들에게서 빼앗아서는 안 된다.

하늘 끝까지 올라가는 슬그머니 그네

세화 놀이터에서 아이들에게 가장 인기가 좋은 놀이 기구는 여럿이 타는 그물망 그네다. 그네는 설계팀이 마지막까지 고민했던 놀이 기구다. 아이들은 그네를 좋아하지만 기존의 혼자 타는 그네는 누가 탈지를 두고 싸움이 잦았다. 그래서 주민들 사이에서는 그네를 아예 없애달라는 요구도 있었다. 게다가 그네는 꽤 먼 거리를 왔다 갔다 하기 때문에 안전검사를 충족시키려면 공간을 많이 확보해야 한다.

요즘 놀이터는 워낙 공간이 좁은 탓에 그네 하나 넣으면 끝이다. 그래서 차라리 그네를 빼면 어떨까 생각하게 된다. 하지만 아

여럿이 함께 타야 더 재미있는 특성을 살린 그물망 그네.
한 아이가 독점할 수밖에 없는 그네의 문제점을 해결할 수 있었다.

이들은 그네를 무척 좋아한다. 아마도 하늘 끝까지 올라가 보고 싶은 욕망이 그만큼 큰 것이리라.

어린이디자인워크숍과 놀이 관찰 과정에서 설계팀은 아이들이 바라는 게 꼭 기존의 그네는 아니라는 사실을 알아냈다. 놀이 관찰을 위해 함께 소풍을 간 서울숲에서도 아이들은 흔들다리 하나에 다 같이 올라타 웃고 떠들며 한참을 놀았다. 초록 그물 정복 작전 때도 아이들은 초록 그물에 매달리기 위해 서로 힘을 합쳤다. 그때의 기억을 떠올려 기존 놀이터에서 흔히 볼 수 없는, 여럿이 함께 타는 그네를 설치하기로 했다.

"아저씨, 그네 좀 밀어주세요!"

역시 그물망 그네를 설치하길 잘했다. 아이들은 숨이 멎도록 까르르 웃으며 그물망 그네를 탔다. 나이가 있는 아이들은 여럿이 탈 때 더 많이 흔들리는 그물망 그네의 특성을 활용해서 친구의 움직임에 자신의 몸을 맡겼다. 저러다 떨어지면 어쩌지 싶을 정도로 세게 밀긴 했지만, 그만큼 아이들은 만족했다. 또 하나의 장점은 어린아이들도 엄마의 도움을 받아 탈 수 있는 다목적 그네라는 점이었다. 갓난아기도 엄마가 흔드는 그물망에 안겨 하늘을 볼 수 있다. 흔들리는 바구니 같다.

더 큰 장점은 혼자 타면 재미가 없어서 옆 사람과 자연스레 함께 놀게 된다는 점이다. 아이들이 노는 모습을 보려고 옆에 서 있던 내게도 한 아이가 말을 건넸다. "아저씨, 그네 좀 밀어주세요!"

271

한 아이의 그네를 밀고 있으니 다른 아이들도 몰려와서 자기도 태워달라고 한다. 역시 혼자 타는 것보다 같이 타야 재미있으니까 아이들은 자연스럽게 함께 놀았다.

pxd에서는 이를 두고 '슬그머니 놀이 기구'라고 불렀다. 놀이 기구 옆에 있으면 슬그머니 친구가 된다는 뜻이었다. 세상 모든 놀이터가 놀다 보면 자연스럽게 친구가 될 수 있는 공간이지만, 그물망 그네는 더더욱 그렇다.

3년 후에도 아이들이 있어야 한다

온종일 놀이터에서 뛰놀고 집에 돌아와 자리에 앉았다. 피식 웃음이 나왔다. 아침에 했던 걱정이 정말 쓸모없었다는 생각이 들었다. 놀이터는 내가 아니라 아이들과 주민들이 색칠하는 것이었다. 오늘 놀이터에서 놀던 아이들을 떠올려보니, 붓질이 경쾌하고 색도 제대로 고른 것 같다.

"놀이터는 3년 후에 가봤을 때 여전히 아이들이 잘 놀고 잘 관리되고 있으면 성공이다." 입버릇처럼 그렇게 말했는데 이제는 다르게 말해야겠다. 3년 후에도 놀이터에 아이들 색이 듬뿍 칠해져 있으면 성공한 놀이터다.

사실 아이들의 이야기를 듣고 행동을 관찰하며 그 안에 담긴 의미를 곱씹어 놀이터 설계에 적용하는 일은 쉽지 않고 시간도 오래 걸린다. 하지만 이렇게 만들어진 놀이터에는 아이들의 애정과 이야기가 담긴다. 그래야 놀이터가 비로소 아이들의 것이 된다. 그곳에서 아이들은 여전히 놀이터를 발견한다.

새로운 놀이를 찾기 위한 시도가 수없이 이어지고, 선배들이 닦은 길 위에 후배들이 새로운 길을 낸다. 그러면서 아이들은 놀이터에 자신의 이야기를 새기고, 세월이 지나 돌아보면 참 잘 놀았다는 걸 알게 된다. 내가 그랬고 내가 놀기 이전에 동네 아이들이 그랬다. 상봉, 세화라는 두 놀이터에서 아이들이 무궁무진한 놀이를 발견하고 만들어가기를 바란다.

앞집 할머니가
달라졌어요

놀이터가 만들어지자 주민들의 반응은 대체로 호의적이었다. 처음부터 끝까지 함께 참여한 지역 주민들이야 든든한 지원군이지만, 놀이터를 아주 가끔 이용하는 사람들에게 새로 만든 놀이터는 하나의 상품에 가까웠다. 놀이터 완공 이후 몇 차례 놀이터를 방문해서 아이들과 놀고 있는 주민들에게 의견을 물었다.

눈물을 흘리며 감동했다고 말해줄 것으로 기대했지만 내 욕심이었다. "놀이터가 깔끔해서 좋네요. 우리 아이가 좋아해요." 많은 사람이 좋다고 말했지만 감동의 눈물을 흘리는 사람은 없었다. 별다르다고 느끼지 못하는 것 같았다. 아쉬운 점을 지적하는 이도 있었다.

"어두울 때는 삼각뿔이 잘 안 보여서 넘어져서 다친 아이도 있어요. 걸어다닐 때 방해가 되니 없애면 좋을 것 같아요."

"예전에는 놀이터 둘레에 푹신푹신한 길이 있었는데 딱딱해지니 영 못마땅해. 다시 갈아엎었으면 좋겠어."

"모래 때문에 조합놀이대에 올라갈 때 미끄러져요. 그러다 다칠 수도 있는데 모래 말고 다른 걸로 바닥을 했으면 더 좋았을 뻔했어요."

인터넷 댓글에 일희일비하는 사람들을 보며 자존감이 낮다고 생각했었다. 하지만 나 역시 놀이터에서 만난 사람들이 건네는 한두 마디에 힘이 솟기도 하고 야속함을 느끼기도 했다.

'아니, 잘 사용하고 있으면서 왜 뭐라고 해? 다 이유가 있고, 일일이 설명하기도 어려운데.'

하지만 설계팀이나 주무관은 여유가 있어 보였다.

"사람들이 잘 사용하니까 이야기가 나오는 거예요. 옛날처럼 놀이터에 관심이 하나도 없었으면 아무 말도 없었을 거예요. 또 우리가 주민 참여로 만들다 보니 사람들도 이야기가 통한다고 생각해서 말하는 거겠죠. 어쨌든 모든 사람을 만족시킬 순 없잖아요? 그래도 민원 안 들어오는 게 어디예요."

놀이터는 손을 탈수록 나아진다

놀이터에도 AS가 있다. 우리는 놀이터에서 아이들과 사람들이 놀고 난 뒤 제기한 의견을 바탕으로 몇 가지 사후 조치를 했다. 그 과정에서 사람들의 말이 정말 옳은지, 아니면 너무 자기 위주로 생각한 것은 아닌지 확인하는 작업도 필요했다.

예를 들어, 상봉에 있는 삼각뿔은 낯선 구조물이다 보니 주민들 사이에서 없애자는 의견이 많았다. 아이가 넘어져 다쳤다고 하니 더욱 그랬다. 물론 상봉 놀이터가 예전부터 주민들의 이동 통로로 사용되어 그런 불만이 많을 수밖에 없었다. 하지만 설계팀이 실제 현장에서 지켜본 결과 아이들은 기대한 대로 삼각뿔을 잘 이용하고 있었다. 아무래도 주민들에게 익숙해질 시간이 필요할 것 같았다. 그래서 형광 물질을 바르기로 했다. 눈에 잘 띄면 그만큼 빨리 익숙해질 테고 야간에도 식별이 될 테니까. 무엇보다 아이들이 잘 가지고 노는 시설을 없애고 싶지 않았다.

이렇게 놀이터는 조금씩 완성된 모습을 갖춰갔다. 자잘하게 부족한 부분은 주민들이 직접 채우기도 했고, 놀이터 관리를 맡은 할아버지가 채워넣기도 했다. 놀이터 활동가들이 관청과 편해진 관계를 이용해서 주무관에게 직접 건의하기도 했다. 놀이터는 여러 사람이 쓰는 공간인 만큼 손을 탈수록 더 나아진다. 분명 우리가 만든 놀이터는 완벽하지 않다. 그렇기에 석 달간 놀이터 운영 프로그램을 진행하며 자연스럽게 개선할 부분을 찾았다. 지금 당장은 우리가 모르고 있지만 실제 사용하는 아이들과 사람들을 통해 더 많은 불편이 해결되기를 기대해본다.

놀이터 완공 후에도 주민들의 의견을 참고해 시설을 계속 고쳐나갔다.

할머니가 화가 났던 진짜 이유

사실 큰 걱정거리 중 하나가 세화 놀이터 앞집 할머니였다. 만드는 과정에서도 앞집 할머니 때문에 큰 어려움을 겪지 않았던가. 내심 할머니가 놀이터를 어떻게 생각할지 궁금했다. 놀이터를 좋게 보아야 아이들이 놀 때 할머니가 도움을 줄 수 있을 것으로 생각했다.

놀이터 개장 당일에는 할머니를 만나지 못했다. 하지만 얼마 후 설계팀으로부터 할머니가 놀이터를 좋아하신다는 이야기를 들었고, 다른 할머니들도 아이들이 노는 모습을 잘 봐주신다는 이야기를 들을 수 있었다.

며칠 뒤 할머니를 직접 만났다. 반가운 마음에 인사를 드렸더니 아주 밝은 얼굴로 맞아주었다. "아이고, 오랜만이야." 가까이 가서 안부를 묻고 놀이터가 어떠냐고 여쭤보았다.

"아주 좋진 않지만 그래도 잘 만들었네. 수고했어."

"애들은 어때요? 잘 놀아요?"

"그럼, 아주 잘 놀고 있어. 내가 잘 보고 있으니까 걱정하지 마. 잠깐, 야 이 녀석아! 그걸 그렇게 타면 어떡해! 다른 애가 못 타잖아. 그리고 모래를 이쪽으로 던지면 다른 애가 넘어지잖아."

좀 더 지켜보니 할머니 말이 무슨 뜻인지 알 것 같았다. 할머니는 놀이터에 워낙 오래 있어서 동네 아이들 중 누가 놀이터에 오고 가는지 아는 데다, 그중 낯이 익은 아이들은 누구네 집 아이인지도 알고 있는 것 같았다. 그러면서 자연스럽게 놀이터 지킴이 역할을 하게 된 것이다.

예를 들어, 위험한 짓을 하거나 놀이터를 너무 더럽게 사용하면 특유의 불호령으로 아이들을 혼냈다. 하지만 그 마음에는 측은지심이 있었다. 물론 아이들 입장에서 볼 때 할머니가 너무 깐깐하면 놀이터를 내 공간으로 사용하기 어렵겠지만, 지켜보니 그 정도는 아닌 것 같았다. 대부분은 묵묵히 지켜보다가 이따금 도가 지나친 행동이 눈에 띌 때만 개입했다. 자연스럽게 선을 지키고 계셨다.

내가 할 수 있는 일은 할머니가 아이들의 놀이를 좀 더 너그러운 마음으로 바라봐주길 바라며 애교를 떠는 것뿐이었다. 사실 내가 바라던 놀이터도 이런 모습이었다. 주민 참여를 독려하는 이유도 놀이터 인근 주민들이 아이들의 놀이를 인정해주고 놀이터를 지키는 사람으로 남아주길 바라는 마음 때문이다. 내 어릴 적 놀이 공간에도 어른들이 아예 없는 경우는 없었다.

"거봐, 울타리를 치니 얼마나 좋아. 밤에도 조용하고 깨끗하고. 늙은이 말 들어서 손해날 거 없다니까."

할머니의 눈길에서 푸근함이 느껴져 안심하고 떠날 수 있었다. 할머니가 달라졌다. 놀이터가 바뀌면서 할머니도 바뀐 것인지 원래 다정한 분이었는지는 모르겠다. 그러나 분명한 사실은 할머니는 아이들에게 화가 났던 게 아니라는 점이다. 할머니는 놀이터가 방치되는 현실, 지역 주민이 겪는 소음 문제에 아무도 신경 쓰지 않는 이웃들의 무관심에 화가 났던 것이다. 이 문제가 해결되니 자연스럽게 아이들의 놀이를 웃는 얼굴로 지켜봐주었다.

할머니, 놀이터와 우리 아이들을 잘 부탁드려요.

개장식 대신
놀이터 축제

"대리님, 오랜만이에요. 아무래도 세이브더칠드런에서 감사패 받으러 한 분 나오셔야 할 것 같아요."

"네? 웬 감사패요?"

"중랑구에 이렇게 좋은 놀이터를 두 개나 만들어주셨잖아요."

"그런데 무슨 일로요? 갑자기 왜……."

"세화 놀이터에서 다음 주에 놀이터 축제가 열려요. 그때 구청장님도 참석하시는데 감사패 증정 시간을 가지려고 해요. 받으러 오세요."

응? 놀이터 축제! 중랑구 주무관의 말에 자초지종을 알아보니 우리 워크숍에 꼬박꼬박 참여하며 열띤 응원을 해주던 아가사랑 어린이집 원장과 달팽이마을 공동체와 느릿느릿육아사랑방 사람들이 "개장식도 못해서 아쉬운데 우리 뭐라도 해볼까요?" 해서 시작된 행사였다. 메르스 때문에 개장식이 취소된 것이 너무 아쉽고,

좋은 공간이 생겼는데 아직 주민들에게 충분히 홍보가 안 된 것 같아 자랑하고 싶은 마음에 추진하게 되었다고 했다.

일주일 만에 모인 주민들

마을의 힘에 대해 다시 한 번 생각해보았다. 세이브더칠드런 같은 기관이나 중랑구청, 아니 하다못해 주민 참여 활동을 주도했던 설계팀도 이런 식으로 날렵하게 일을 추진하지는 못한다. 문서가 오고 가야 하고 예산을 투입해야 하고, 거쳐야 할 절차가 한두 가지가 아니다.

하지만 마을 문화가 살아 있었던 시절에는 이런 식으로 축제가 열리지 않았을까? 마을에 좋은 일이 있거나 "우리 한번 놀까요?" 하고 한두 사람이 의기투합하면 각자의 자원이 쏟아져나왔다. 누구는 돼지를 잡고, 누구는 아껴두었던 귀한 술을 꺼내 온다. 그렇게 흥이 무르익으면 노래가 나오고 춤판이 벌어진다. 그야말로 마을 축제다. 이사 온 사람들은 이런 기회에 자연스럽게 이웃과 어울리고 마을 사람들 사이에서 해묵은 갈등이나 앙금은 함께 먹고 마시며 풀린다. 놀이터를 만드는 과정에서 아이들과 주민들이 함께 참여하다 보니 서로 연결되어 마을 축제까지 벌이게 된 것이다.

결과적으로 주민들만의 잔치로 끝날 수 있었던 이번 축제는 중

놀이터를 중심으로 만난 주민들이
함께 '놀면서' 축제를 만들었다.

⋮

랑구청이 함께해서 더 뜻깊은 자리가 될 수 있었다. 여기에도 흥미로운 진행 과정이 있다.

아가사랑어린이집 원장이 이번 놀이터 만들기를 통해 중랑구 주무관과 친해져서 축제 물품을 빌릴 수 있을까 하고 전화를 했다. 그러자 주무관이 단순히 물품을 대여해주는 것을 넘어서 축제 자체를 함께 준비하자고 했단다. 중랑구청에서도 개장식이 취소되어 놀이터 공사 완공을 소개할 자리가 마땅치 않았는데, 주민들이 축제를 기획한다고 하니 함께할 기회라고 생각한 것이다. 그리하여 아가사랑어린이집과 느릿느릿공동육아팀이 공동 주최하고 중랑구청 공원녹지과, 중랑구보건소, 중화2동 주민센터, 유린원광 종합복지관, 중랑문화원이 후원하는 축제가 열리게 되었다. 명실상부한 동네 축제로 거듭나게 된 것이다. 불과 일주일 만에 이루어진 일이다.

7월 22일 오후 네 시, '세화 어린이공원 문화 행사'라는 현수막이 놀이터 입구에 크게 걸렸다. 놀이터 골목에 들어설 때부터 시

세화 놀이터 축제에서 신나게 뛰어노는 아이들.
놀이터를 중심으로 맺어지는 공동체의 힘을 다시금 느낄 수 있었다.

끌벅적한 아이들 소리가 들렸다. 내 마음도 같이 들떴다. 과연 어떤 축제가 준비되었을까? 궁금한 마음으로 안에 들어가려는데, 놀이터 입구에 아이들이 세화 놀이터에서 뛰노는 사진이 울타리를 따라 전시되어 있었다. 놀이 워크숍에 열심히 참여했던 이들이 동네 아이들과 놀면서 찍은 사진이었다.

딱 봐도 한두 가지 활동이 아니었다. 매주 아이들과 함께 노셨구나. 잘 사용하고 있다는 이야기는 여기저기서 들었지만 매일 나가 보지는 못해서 실제는 어떤지 궁금했는데, 이미 놀이터에 아이들과 주민들의 추억이 쌓여가고 있었다. 눈시울이 붉어졌다. 파란 봉지를 망토처럼 매달고 달리는 아이, 큰 나무에 나뭇가지를 붙이는 아이, 초록 그물 안에 물고기처럼 갇혀 빠져나올 길을 찾는 아이, 바닥에 털썩 주저앉아 친구와 나무 블록을 쌓는 아이. 사진 속 아이들은 하나같이 온몸으로 웃고 있었다. 그 건강한 웃음이 놀이터에 켜켜이 쌓여가고 있었다.

입구에 들어설 때부터 감동이 밀려왔다. 눈물이 그렁그렁한 채로 놀이터에 들어가니 낯익은 얼굴이 많았다. "안녕하세요! 오랜만이에요. 와, 이렇게 주민들이 많이 나오실 줄 몰랐어요."

어림잡아 백여 명이 세화 놀이터 안에서 복작거렸다. 꼬마 손님들도 친구들이 많으니 덩달아 신이 나서 소리를 지르며 뛰어다녔다. 주민 참여 활동 때 봤던 사람들, 중랑구청 관계자들, 우리 설계팀까지, 관련자들도 많이 나와 있었다. 하나같이 얼굴이 환하고 건

강한 에너지가 넘쳤다.

나무 그늘 아래 평상에서는 공동육아 나눔터 배꼽친구 회원들이 예쁜 현수막을 붙여놓고 아이들과 우산 만들기를 하고 있다. 매주 수요일 오후에 세화 놀이터에서 만나서 함께 놀자는 홍보 포스터도 "잘 먹어야 잘 놀고 잘 놀아야 건강하다"는 문구가 적힌 표어와 함께 가지런히 놓여 있었다. 텃밭에서 직접 키운 채소를 가져온 사람도 있고, 작아진 옷과 책을 들고 나온 사람도 있어서 간이 벼룩시장도 열렸다. 구청과 보건소에서도 보건소 팔찌 만들기와 화석 만들기 프로그램, 손 바르게 씻기 캠페인을 진행하고 있었다.

핵심 행사는 도담도담 인형극단의 인형극과 마을에서 논술 수업을 받고 있는 '논술짱' 친구들이 준비한 노래 공연이었다. 아이들이 잘 달릴 수 있도록 만들어둔 너른 공간이 무대가 되어 놀이터 축제를 빛냈다. 삼삼오오 모여 앉아 공연을 지켜보는 아이들의 초롱초롱한 눈망울이 마음에 와 닿았다.

놀이터가 맺어준 관계를 생각한다

핵심 행사 시작 전에 중랑구청장으로부터 세이브더칠드런 대표로 감사패를 받았다. 놀이터를 만드는 과정에 참여한 모든 사람에게 다 줄 수 없으니 그들을 대표해서 우리가 받았다고 생각했다. 놀이터를 만들고 시간과 돈과 노력을 쏟았지만, 세이브더칠드런과 설계팀은 떠날 사람들이다. 남는 사람은 결국 아이들과 주민들, 이들을 도와주는 관청이다.

우리가 한 일은 고작 놀이터 하나를 만든 것이다. 하지만 만드는 과정을 아이들, 주민들, 관청과 함께하니 놀이터가 잘 만들어진 것은 물론이고 관계가 남았다. 사람들이 남았다. 아이들은 워크숍 과정을 통해 다른 아이들을 만나게 되었고 함께 놀기 좋은 슬그머니 놀이 기구에서 다른 친구들과 어우러졌다.

놀이터를 중심으로 만난 주민들은 함께 '놀면서' 의기투합해 축제를 만들었다. 그렇게 서로 가까워진 주민과 관청이 놀이터를 잘 유지하기 위해 서로 협력한다. 우리가 생각했던 놀이터를 잘 만들고 유지하고 관리하는 방법이 틀리지 않았음을, 주민들이 자발적으로 연 놀이터 축제를 통해 확인했다. 그리고 우리는 떠난다. 놀이터와 추억을 남겨두고.

마을 공동체의
힘을 느끼다

"우리 다시 한 번 모여야 하지 않아요? 이대로 그냥 넘어갈 순 없을 것 같은데."

내 제안에 중랑마을넷, 느릿느릿육아사랑방, 배꼽친구, 달팽이마을, 느낌있는달팽이의 대표 선수 여섯 명이 다시 뭉쳤다. 중랑구 주무관도 함께해주었고 상봉2동 통장도 그날 처음으로 참석해주었다. 기존에 개장식을 준비하던 사람들 중 빠진 사람 하나 없이 오히려 아군이 더 늘어난 걸 보니, 메르스로 무산된 개장식을 모두 아쉬워하고 있었나 보다.

오랜만에 모인 우리는 서로 안부를 물으며 이야기를 이어나갔다. 역시나 가장 큰 화제는 놀이터였다. 놀이터에서 얼마나 다양한 놀이가 이루어지고 있는지, 얼마나 많은 주민들이 놀이터에서 즐기고 있는지 이야기했다. 하나하나가 놀라운 소식이었다. 옆집 아이가 놀다가 무슨 일이 벌어졌고, 뒷집 새댁이 놀이터에서 아이와 함께 무슨 놀이를 벌였다는 이야기를 주민들에게 직접 보고 들으니 생동감이 넘쳤다.

놀이터 백일잔치 어때요?

여러 이야기 중에서도 가장 고무적인 이야기는 놀이터 활동가를 중심으로 주민들이 상봉 놀이터와 세화 놀이터에서 다양한 활동을 진행하고 있다는 점이다. 물론 놀이터를 만드는 과정에서 이를 염두에 두고 다양한 프로그램을 진행하고 주민들을 만났지만, 주민들이 스스로 모여 운영하는 것이 쉬운 일이겠는가. 당연히 기쁠 수밖에 없었다.

특히 배꼽친구를 비롯해 공동육아에 참여하는 어머니들이 수요일마다 세화 놀이터에 모여서 동네 아이들과 함께 놀이 활동을 진행한다는 소식이 인상 깊었다. 또한 달팽이마을을 주축으로 놀이에 관심이 있는 주민들이 놀이터 운영위원회를 조직해 상봉, 세화, 더 나아가 중랑구 모든 놀이터에서 놀이터 지킴이를 하고 싶어 한다는 소식에 뛸 듯이 기뻤다. 놀이터 하나를 완성하는 일보다 이렇게 아이들과 주민들이 놀이터를 내 공간으로 여기고 아끼며 새로운 이야기로 놀이터를 하나씩 채워가는 일이 더 반갑고 기쁘다.

나는 들뜬 마음을 누른 채 메르스도 차츰 진정되고 아이들과 주민들도 놀이터에 익숙해지고 있으니 제대로 축제를 열어보면 어떻겠느냐고 운을 띄웠다. 현수막 한 장으로 놀이터 개장을 알릴 수밖에 없었던 안타까운 일은 뒤로하고, 동네 아이들과 주민들에게 정식으로 인사를 드리고 싶었다. 특히 여름 내내 시끄럽고 먼지 나는 공사를 참아준 놀이터 인근 주민들에게 제대로 감사를 표하고 싶었다.

"에이, 왜 이러세요. 우리가 고맙죠. 우리가 맘껏 놀 수 있는 공간을 멋지게 만들어주셨는데, 우리가 잔치를 벌여야죠." 달팽이마을 이경진 대표의 말에 느낌있는달팽이 박경연 씨도 한마디 거들었다. "축제를 하면 다른 주민들도 놀이터를 알게 되고 우리 활동에 관심을 가질 수 있으니 더 많은 사람이 함께하는 계기가 될 것 같아요." 다행이다. 모두 같은 생각이구나.

"그럼 놀이터 축제라고 해야 하나요? 아니면 개장식이라고 해야 하나요?"

개장은 이미 했으니 개장식이라고 할 수는 없고, 놀이터 축제라 하기엔 너무 뻔해서 매력이 없었다. 새로운 이름이 필요했다. 나는 주민들을 만나러 오기 전에 이름을 놓고 골똘히 고민했다. 그러다 불현듯 예전 월례회의 때 우스갯소리로 제안했던 아이디어가 다시 생각났다. 바로 상봉 놀이터, 세화 놀이터 백일잔치. 놀이터를 개장한 지 백일 정도 지난 시점에 맞춰 백일잔치를 열면 어떨까 했다. 의미도 맞아떨어졌다. 백일 동안 건강하게 자란 아이를 축하하듯이 백일 동안 아이들과 주민들에게 즐거움을 준 놀이터를 축하하는 잔치. 딱이었다.

"이번에 놀이터 백일잔치를 해보면 어떨까요?" 조심스레 운을 떼자 주민들 반응이 좋았다. 모두들 '백일잔치'와 '놀이터'라는 은근히 입에 잘 붙는 조합에 흥미를 보였다.

"개장식이 6월 12일이니까, 백일째 되는 날이 언제죠?"

"9월 19일 토요일이네요."

가을 초입이라 놀기 딱 좋을 때다. 만약 6월 12일에 예정대로 개장식을 했다면, 너무 더워서 모두 힘들었을 것이다. 놀이터가 개장했으니 와서 놀라고 해야 하는데, 너무 더워서 분명 한두 아이는 놀다가 탈진했을지 모른다. 또한 토요일이면 주민들도 더 많이 참여할 수 있고 멀리 사는 아이들도 올 수 있다.

"그런데 토요일에 행사를 하면 아무래도 중랑구에서 도움을 받는 데 한계가 있을 수 있어요. 당연히 중랑구 공무원들도 참석하기 힘들 거고요. 저야 당연히 가겠지만 다른 분들은 저도 장담하기 어렵네요. 괜찮으시겠어요?"

중랑구 주무관의 말에 대화는 자연스럽게 이번 백일잔치가 어떤 행사여야 하는지에 대한 이야기로 이어졌다.

주민과 구청이 함께 준비하는 백일잔치

사실 기존의 놀이터 개장식은 구청 행사에 가까웠다. 주민들은 그저 초대받은 손님이었고, 구청에서 준비한 여러 행사를 보고 박수를 치고 구청장과 악수 한번 나누면 되었다. 아이들은 테이프를 자르며 사진 찍을 때 울지 않고 잘 서 있기만 하면 되었다.

우리가 하고 싶은 행사는 그런 행사가 아니었다. 나는 주민들만 괜찮다면 이번 백일잔치는 주민들이 주도하는 게 좋을 것 같다는 의견을 분명히 밝혔다. 우리가 놀이터를 만들면서 목표로 삼은 것이 유지와 관리가 되는 놀이터를 만들자는 것이니, 당연히 유지와 관리에서 핵심 역할을 맡아야 할 동네 주민들이 놀이터 축제도 직접 주관해야 한다고 강조했다. 물론 주민들이 준비하기에는 비용이나 물자 확보 면에서 어려움이 있을 수 있으니 우리 기관과 중랑구청에서 비용과 물자는 후원하겠다는 의견도 조심스럽게 전했다.

"당연히 우리가 준비하는 게 맞다고 생각해요. 우리가 쓸 놀이터고, 우리 놀이터니까 당연히 우리가 해야죠. 세부 프로그램은 우리가 준비할 테니 잔칫상을 차릴 비용과 물품 대여만 좀 도와주시면 좋겠어요."

달팽이마을 이경진 대표의 말에 중랑마을넷 대표도 한마디 거들었다. "당연히 우리가 해야죠. 주민들도 놀이터에서 얼마나 잘 노는데요. 구에서 해봐야 재미 하나도 없어. 우리가 마을 활동 하면서 또 이런 쪽으로는 빠삭하지." 통장도 기다렸다는 듯이 음식 준비는 자기가 맡겠다며 지역 상인들에게 싸게 살 수 있다고 했다.

행사가 아닌 축제가 될 수 있었던 이유

그렇게 마음이 통하자 나머지는 일사천리였다. 우리 기관은 비용과 당일 행사 진행을 맡기로 했다. 또한 부스 하나를 맡아 아이들의 놀 권리와 관련한 프로그램을 준비하기로 했다. 설계팀은 놀이터에서 아이들과 함께 할 놀이를 준비하고 주민들과의 의사소통을, 중랑구는 행사에 필요한 크고 작은 물품 대여, 안전 조치, 그리고 주민 홍보를 담당했다. 가장 중요한 잔칫상과 놀이터에 놀러온 아이들과 함께 할 다양한 놀이 프로그램은 주민들이 직접 준비하기로 했다. 이제 와서 고백하건대, 이렇게 역할을 나눈 것이 신의 한 수였다.

주민들이 제시한 재미있고 창의적인 아이디어에 놀라서 입을 다물지 못했다. 기존에 마을에서 활동하던 사람들이 있으니 척하면 척, 누구 하면 누구가 바로 나왔다. "좀 신나는 시간도 있어야 하지 않을까요?" 누군가 이렇게 말을 꺼내면 바로 이런 제안이 나왔다. "얼마 전에 태릉중학교 댄스 팀이 시장에서 공연하는 걸 봤는데 잘하더라고요." "아, 천상지애라는 팀이요? 그러고 보니 누

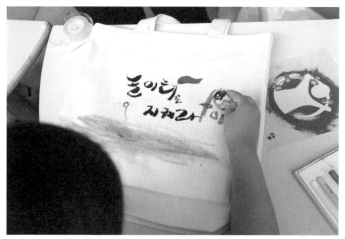

주민, 구청, 기관이 함께 준비한 놀이터 백일잔치.
주민들이 주도한 덕분에 기존 행사와는 전혀 다른 축제가 벌어졌다.

구 엄마가 그 학교 교감선생님을 안다고 하지 않았어요?" "맞아요. 그럼 제가 그 엄마한테 교감선생님을 연결시켜달라고 말해볼게요."

물품도 큰 것은 중랑구에서 많이 조달했지만, 행사를 다채롭고 풍성하게 만들어준 아이템은 주민들이 알음알음 직접 준비했다. "진현이랑 같이 술래잡기할래?"라고 적힌, 손수 만든 포스터가 놀이터 여기저기에 나붙었고, 놀이터로 사람들을 안내하는 작은 발자국 스티커는 동네 저 멀리까지 이어졌다. 입구를 장식한 케이크와 각종 놀이 도구들, 벽에 붙어 있는 알록달록한 포스터와 놀이터에서 노는 아이들 사진은 보는 이들의 눈을 즐겁게 했다. 팝콘, 와플, 솜사탕 기계는 아이들의 혼을 쏙 빼놓았다.

"제 대리님, 주민들 좀 말려주시면 안 돼요? 아주 흥이 나서어디까지 갈지 모르겠어요."

설계팀의 하춘 팀장이 웃으며 투정 아닌 투정을 했다. 나도 모르게 빙그레 미소를 지었다. 아, 이분들은 정말 즐기고 있구나. 누가 시켜서 하는 게 아니라 진짜 자기들의 축제를 준비하고 있구나. 관에서 주최하는 행사였다면 분명 피에로 아저씨가 강아지 풍선을 만들어서 나눠주고 이름깨나 있다는 트로트 가수가 노래 서너 곡 하는 게 전부였을 축제가, 진짜 놀이터 주인들 손에 넘어가니 이렇게 재미있어진다.

우리가 백일잔치라는 판을 깔고 활동할 공간을 만들면, 나머지는 신이 나고 흥이 오른 주민들 몫이었다. 우리는 도우미만 하면 됐다. 놀이터를 유지하고 관리하는 데에도 이런 방식을 똑같이 적용할 수 있지 않을까. 우리가 아이들과 주민들을 주인 대접하며 놀이터를 잘 만들어 돌려주면, 주민들이 신이 나고 흥이 올라 놀이터를 잘 지켜주고 가꿔가겠구나 싶었다. 관청은 도우미만 하면 된다. 그렇게 잔칫날이 다가왔다.

놀이터 백일잔치를 중계합니다

"대리님, 주민들이 커팅식을 하자고 하네요. 떡 케이크는 통장님이 자비로 직접 준비하신 거래요."

조경작업소 울 소장이 귀엣말을 했다. 케이크 커팅식은 원래 식순에 없었는데? 감사한 마음에 통장을 바라보니, 통장은 묵묵히 음식을 차리며 혹시 놀이터에 무슨 문제가 생기진 않을까 눈으로 살피고 있었다. 그런데 표정이 그리 밝지 않았다.

나는 통장이 항상 언짢은 얼굴을 하고 있어서 놀이터를 맘에 안 들어 하는 줄 알았다. 놀이터에서 만날 때마다 밝게 인사를 건네도 섭섭한 말을 들을 때가 많았다. "여기는 왜 이렇게 했어요? 어르신들이 영 맘에 안 들어 하셔. 애들도 다치기 쉽고, 수고했는데 아쉬워." 설계팀 말로는 통장이 항상 잘 도와준다고 해서 그런가 보다 했지만, 표정 때문인지 내심 놀이터가 별로인가 보다 하고 생각했다. 하지만 통장은 백일잔치 당일에 누구보다 먼저 와서 열심히 음식을 준비했다. 장만한 음식을 보니 우리가 건넨 준비비보다 많은 돈을 쓴 것 같았다. 알게 모르게 중간에 고마운 손길이 있었나 보다.

하늘을 수놓는 웃음소리

"자, 주민들께서 놀이터 백일잔치를 축하하는 의미로 떡 케이크를 직접 준비해주셨습니다. 이제 커팅식을 진행하고자 하오니 제가 호명하는 분들은 앞으로 나와주세요. 이번 백일잔치를 준비하느라 가장 많이 수고하신 통장님들, 그리고 마을넷, 배꼽친구 여러분도 앞으로 나와주시고, C프로그램 엄 대표님, 세이브더칠드런 사무총장님 함께하겠습니다."

떡 케이크를 가운데 두고 누가 커팅을 할지 생각해보았다. 누가 해도 참 의미 있는 일이겠지만, 가장 먼저 놀이터를 지켜주어야 할 사람들이 생각났다. 처음에는 다들 손사래를 쳤지만, 지금 다시 생각해도 흐뭇하게 식이 진행되었다.

"터져라, 박아!"

아이들의 목소리가 커진다. 콩 주머니가 하늘을 수놓고, 아이들의 웃음도 하늘을 가른다. 큰 아이들은 콩 주머니를 모으러 이리저리 뛰어다니고 어린아이들은 엄마 손을 잡고 힘껏 던진다. 멀리

함께 게임을 하며 더욱 돈독해진 주민들.
평소 마주치던 동네 어른들과 함께한 시간이, 아이들에게는 뜻깊은 추억이 되었다.

서 흐뭇한 웃음을 지으며 지켜보던 동네 아저씨들도 아이들이 던진 콩 주머니에 얼굴과 몸을 맞자 동심이 발동했는지 아이 손을 뿌리치고 박을 향해 콩 주머니를 던진다.

마침내 박 안에 있던 보물이 쏟아진다. 아이들은 "와!" 소리를 지르며 보물 세례를 받으러 뛰어든다. 사탕, 젤리, 초콜릿. 소박한 간식이지만 아이들에게는 백일잔치를 통틀어 가장 짜릿한 순간이 아니었을까.

박 터트리기와 단체 사진 촬영을 마지막으로 상봉 놀이터 백일잔치는 끝이 났다. 행사는 끝났지만 아이들의 놀이는 계속된다. 각종 부스 활동도 이어졌다. 배꼽친구에서는 가면 만들기를, 우리 기관은 놀이터 가방 만들기를 진행했다. 마을넷은 놀이 활동가들을 데리고 손가락으로 나무 옮기기, 다 함께 제기차기, 페이스 페인팅을 했다. 동네에서 종종 마주치던 사람들도 각 부스의 주인이 되어 아이들을 초대했다. 아이들도 동네에서 자주 보던 어른들과 함께 노는 것이 흥미로운 경험이었을 것이다. 나는 상봉에서 아이들이 재미있게 노는 모습을 뒤로하고 이번에는 세화 놀이터로 사회를 보러 갔다.

청소년들만의 공간도 필요하다

세화 놀이터 곳곳에도 아이들이 활기차게 뛰어놀고 있었다. 주민들이 차린 거대한 잔칫상이 입구에서부터 우리를 환영해주었다. 놀이터 둘레에 마련한 각 부스에서는 아이들이 좋아할 법한 다양한 활동이 벌어지고 있었다. 특히 달팽이마을에서 준비한 팝콘과 솜사탕, 와플 기계에는 아이들이 줄을 설 정도로 인기 만점이었다. 주변에서 쓰레기를 줍거나 잡초를 뽑아 와야 간식을 줬기에 고사리손마다 조그만 물건들이 들려 있었다. 나는 아쉽게도 마음껏 둘러보지도 못하고 바로 행사 준비에 돌입했다.

세이브더칠드런의 간단한 인사말과 설계팀의 사업 보고, 그리고 세화를 지키는 어른들과 아이들의 현장 낭독이 이어졌다. '놀이터 지키미' 선언문이었다. 주민 대표이자 달팽이마을 운영위원장인 손성현 대표가 먼저 감사 인사를 하고 앞으로 놀이터를 잘 가꾸어가자고 했다. 이어 지키미 아이들이 선언문을 낭독했다. 지역 주민들의 추천으로 세화 놀이터에서 자주 논다는 인근 중학교 아이들 여섯 명이 대표로 뽑혔다.

"안녕, 애들아! 너희가 세화 놀이터 지키미라며? 잘 부탁해!" 지키미는 세화 놀이터 운영위원회에서 중고등학교 아이들도 함께 놀이터를 지키자는 뜻으로 만든 이름이다. 더벅머리 남자애들 네 명이 머쓱해하며 두 손을 바지에 찔러넣고 이리저리 시선을 피한

공부 외에는 아무 권장 사항이 없는
청소년들에게도 쉴 공간이 필요하다.
．．．．．
．．．．．

다. "아, 민망한데 이거 안 하면 안 돼요?" 나는 아이들이 백 명이
넘는 사람들 앞에서 선언문을 낭독하는 게 부끄러운지, 아니면 강
제로 지키미에 뽑힌 것인지 궁금했다. "응, 원하지 않으면 안 해도
돼. 나는 너희가 자원해서 지키미가 된 줄 알았거든."

아이들과 내가 뭔가 이야기하는 것을 보고 여자아이 두 명이 다
가왔다. 친구로 보이는 아이들은 남자아이들이 머뭇거리며 부끄러
워하자 놀리기 시작했다. "야, 너희 뽑힐 때만 해도 잘할 거라고 했
으면서 갑자기 왜 그러냐? 얘네 부끄러워서 그러는 거예요. 신경
쓰지 마세요. 어차피 시키면 잘해요." 이 말을 들은 남자아이들도
틀린 말은 아니라는 듯 표정이 누그러졌다.

"그런데 지키미는 어떻게 하게 된 거야?"

"우리가 세화 놀이터에서 자주 놀고 이 근처에 사니까 아는 어른
들이 부탁했어요. 같이 놀이터 지키미 하지 않겠느냐고요. 어려운
일이 아니라 그냥 와서 어린애들이랑 친하게 지내고 더러운 거 있
으면 좀 주우면 되는 거죠, 뭐." 아이들의 말에서 책임감이 느껴졌다.

"자, 이어서 놀이터의 주인공이자 진정한 주인인 우리 아이들이

놀이터는 아이들만의 공간이 아니다.

동네 청소년들도 놀이터에서 놀고 쉴 수 있어야 한다.

놀이터를 직접 지키겠다고 합니다. 세화 놀이터 지키미 친구들의 선언문 낭독이 있겠습니다."

아이들은 막상 사람들 앞에 서려니 쑥스러운지 한동안 쭈뼛거렸다. 그러나 곧 목소리를 높여 읽어 내려갔다. 아이들이 한 명씩 돌아가면서 선창을 하면 어른들이 입을 모아 제창했다. 모두가 지키미가 되는 순간이었다. 우리의 놀이터는 우리가 지키겠다는 아이들의 힘찬 목소리가 실제로 얼마나 지켜질지는 알 수 없다. 그래도 당당하게 한 글자씩 힘주어 읽는 아이들을 보니 희망이 보였다. 뿌듯했다.

사실 중고등학교 학생들은 놀이터의 주적이다. 존재만으로도 환영받지 못하고 어린아이들에게는 두려움의 대상이다. 중고등학교 학생들이 몰리는 놀이터에는 자연스럽게 사람들이 발길을 끊고, 특히 젊은 엄마들이 잘 오지 않는다. 하지만 알고 보면 이 아이들도 갈 곳이 없어 놀이터에 모이는 것뿐이다. 공부 외에는 아무것도 할 게 없는 이 아이들에게도 쉴 공간, 놀 공간이 필요하다. 놀이터가 이 아이들에게도 의미 있는 공간이 되면 좋겠다.

우범지대에서 핫 플레이스로

실제로 놀이터 몇 군데를 돌아보니 중고등학교 학생들이 꼭 이

자신이 가장 아끼는 공간,
자신이 만든 공간을 기념하는 일은
공동체성을 살리는 데 크게 기여한다.

⋮

방인은 아니었다. 나름의 방식으로 아무 피해도 주지 않고 조용히 휴식을 즐기는 아이들이 많았다. 어른들하고도 두런두런 이야기를 나누고, 아이들에게는 놀이법을 알려주며 함께 노는 청소년들도 있었다. 공부의 현장이 아닌 다른 곳에 있는 아이들을 모두 불량하고 두려운 존재로 바라보는 사회의 지배적 시선이 문제라 할 수 있다. 실제로 얼마나 놀이터 지키미 역할을 할 수 있을지는 모르겠지만, 이 아이들을 시작으로 청소년들도 놀이터에서 자신들만의 여유를 즐기며 지역사회의 구성원으로서 나름의 역할을 다할 수 있기를 기대해본다. 왜 달팽이마을 이경진 대표가 중고등학교 아이들을 놀이터 지키미로 임명하고 싶다고 했는지 이유를 알 것 같았다.

"저쪽에 경찰 제복 입은 두 분 계시죠? 중화2동 파출소장님이에요. 우리 행사에 사람이 많이 몰리니까 무슨 일 없나 지켜볼 겸 오신 것 같아요. 꼭 소개 부탁드려요."

달팽이마을 운영위원장인 손 대표가 진행지에 중화2동 파출소장님 이름을 써주며 말했다. 나는 정신이 없어서 놀이터에 경찰이 와 있는지도 몰랐다. 손 대표가 알려주지 않았다면 그냥 넘어갈 뻔했다. 아이들의 선언문 낭독이 끝나고, 다음 순서로 넘어가기 직전에 경찰 서장을 소개했다.

"여러분, 세화 놀이터 백일잔치를 축하하고 앞으로 놀이터 안전을 책임져주시기 위해서 중화2동 파출소장님이 이 자리에 함께해주셨습니다. 박수로 모시도록 하겠습니다."

소장은 익숙한 듯 성큼성큼 걸어나왔다. 그리고 준비해온 것처럼 이야기를 풀어나갔다. "여러분이 아시다시피 세화 놀이터가 이전에는 치안 유지가 잘 안 되고 주민들 신고가 잦은 곳이었습니다. 그런데 지금 보니 정말 깔끔해지고 좋게 바뀌었습니다. 우리 경찰도 이런 좋은 놀이터를 잘 유지할 수 있도록 더 자주 순찰하고 관리하겠습니다." 주민들은 환호로 화답했다. 소장을 소개하지 않고 그냥 넘어갔으면 어쩔 뻔했나 싶었다.

자신의 공간을 기념한다는 것

소장의 인사말을 들으면서 백일잔치의 의미가 여기에 있구나 싶었다. 백일잔치를 꼭 해야 할 필요는 없지만 이런 자리를 통해 동네 주민들이 모이고, 놀이터를 아끼는 사람들이 함께하는 것이 중요했다. 백일잔치가 없었다면 언제 사람들이 파출소장의 입을 통해 놀이터를 잘 지키겠다는 이야기를 들을 것이며, 실제로 놀이터에 이렇게 많은 사람이 관심을 가지고 있다는 사실을 알 수 있겠는가. 이를 통해서 마을 사람들이 자연스럽게 놀이터라는 공간이 소중하다는 사실을 절감하고, 우리 동네에 이렇게 아이들이 많다는 사실을 깨닫는 것이 중요했다. 좋은 놀이터가 별건가. 아이들에게 사랑받고 마을 사람들의 사랑방이 되면, 그보다 좋은 놀이터는 없다.

자리에 모인 사람들이 다 함께 단체 사진을 찍었다. 백여 명이 넘는 사람이 한 화면 안에서 웃는다. 사진 찍는 게 부끄러워 화면 밖에서 바라보는 사람들도 있다. 지나가다가 무슨 일인가 싶어서 들어온 사람도 있고, 백일잔치를 위해 며칠 밤을 지새운 사람도 있다. 이들 모두가 놀이터를 통해서 만나고 놀이터를 통해 나눈다. 그야말로 공간, '장(場)'인 것이다.

특히 놀이터를 만드는 과정에 참여한 아이들에게 백일잔치는 잊을 수 없는 경험이 될 것이다. 동네 어른들이 모여서 자신이 가장 아끼는 공간, 자신이 만든 공간을 기념하는 일은 공동체성을 살리는 데 크게 기여할 것이다.

© 세이브더칠드런

개장식 대신 열린 놀이터 백일잔치.
놀이터를 통해 만나고 나누는, 그야말로 '터'의 역할에 충실한 놀이터가 태어났다.

모험이 허락되지 않는 시대

놀이터를 지키는 소녀시대

좋은 놀이터는 어떤 놀이터인가

작지만 큰 변화

놀이터 지키기, 이제부터 시작이다

6

586일의 여정,
그 후를 고민하다

모험이
허락되지 않는
시대

"요즘 할리우드에서 모험 영화를 만들지 않는대요. 왜 그런지 아세요? 실제로 모험을 하는 아이들이 없어서 그렇대요."

'놀이터를 지켜라' 캠페인을 함께 준비한 놀공 대표가 새로운 사실을 발견한 듯 말했다. "로브 라이너 감독의 〈스텐 바이 미〉 보셨나요? 그런 영화가 이제는 나오지 않는 거죠. 그런 일상을 보낸 적이 없는 아이들에게는 판타지 영화보다 더 낯설 테니까요."

나는 그의 말에 한동안 넋을 잃었다. 내가 참 좋아하는 장르의 영화가 이젠 사라져버렸구나. 내가 〈스텐 바이 미〉를 좋아한 이유는 아이들의 모험도 모험이지만, 영화 초반에 나오는 나무 위 오두막 집 때문이다. 《톰 소여의 모험》, 《허클베리 핀의 모험》 등 수많은 소년문학을 관통하던 비밀의 공간에서 아이들은 자신들만의 이야기를 나누고 나름의 방식으로 세상을 이해하고자 노력한다. 그리고 마침내 모험을 떠난다. 일상을 박차고 친구들과 함께 떠나는 모험. 영화에는 시체도 나오고 악당도 나오고 무시무시한 개도 나온다. 마지막에는 총도 나온다.

걷는 일조차 쟁취할 대상

우리 아이들의 일상과는 얼마나 먼 이야기인가. 지금 우리 아이들에겐 모험이라고 해봤자 동네 마트에 가는 정도밖에 허락되지 않는다. 이것은 전 세계적 현상에 가깝다. 실제 미국에서도 1970~1980년대 이후 미디어의 발달로 강력 범죄가 매일같이 대중들에게 전달되자 내가 살고 있는 곳이 안전하지 않다는 인식이 확산되었다. 그리하여 함께 등교하고 마을을 돌아다니던 아이들이 거리에서 사라졌다. 차로 아이들을 학교까지 데려다주는 부모가 많아졌고, 아이들이 동네를 이유 없이 돌아다니면 뭔가 문제가 있는 상황으로 여긴다. 지난해 미국 메릴랜드 주에서는 놀이터에서 집까지 약 1.6킬로미터를 자녀들끼리 걸어오게 한 부모가 방임 혐의로 조사를 받았다. 미국 교통국에 따르면 1969년에는 48퍼센트의 아이들이 걷거나 자전거를 타고 통학했지만, 2009년에는 그 비율이 13퍼센트에 불과했다. 옛날에는 무척 당연했던 거리 이동과 자유가 이제는 '프리 레인지 키즈(free range kids)' 운동이라는 이름을 붙여 사회적으로 쟁취해야 할 대상이 되었다.

우리 동네의 범위를 넓히는 재미가 사라지다

정말 우리 사회가 그만큼 위험해졌는가는 반드시 짚고 넘어가야 할 문제지만, 내가 이야기하고 싶은 것은 아이들의 일상이다. 아이들의 하루하루가 얼마나 단조롭고 자유가 없는지 다시 한 번 생각해봐야 한다. 흥미진진함과 새로운 발견으로 가득했던 내 어린 시절과 비교하면 더욱 마음이 아프다.

나는 어릴 적 부모님이 바쁘다는 이유로, 학원에 보낼 돈이 없다는 이유로, 한낮에는 내 맘대로 다닐 수 있는 자유를 누렸다. 그 덕분에 나와 비슷한 상황에 놓인 친구들끼리 무리 지어 동네방네 안 돌아다니는 곳이 없을 정도로 쏘다닐 수 있었다. 하루하루 '우리 동네'의 반경을 넓혀가는 것이 즐거움이었다. 초등학교에 들어간 뒤에는 맞벌이로 바빴던 부모님의 도움 없이 친구들과 30분쯤 걸어서 학교에 다녔다. 차가 다니는 건널목을 건너고 상점가를 지나기도 했지만, 특별히 위험하다는 생각은 하지 않았다. 지금 생각해도 꽤 먼 길이었다.

2년 전, 서울에서도 교육열 높기로 유명한 동네에 사는 아이들의 일상과 농어촌 지역에 사는 아이들의 일상을 집중 취재했다. 당연히 농어촌 아이들이 훨씬 더 목가적이고 자유롭게 살 것으로 예상했다. 하지만 결과는 전혀 달랐다. 서울에 사는 아이의 일상은 학교, 학원, 집, 마트, 영화관이 전부였다. 그 거리는 분명 좁았다.

그런데 농어촌 아이도 다르지 않았다. 학교, 집, 문화센터, 부모가 운영하는 식당이 일상의 전부였다. 오가는 거리가 조금 더 멀 뿐이다. 농어촌 아이들은 갈 곳이 너무 없어서 집에 틀어박혀 컴퓨터게임을 하거나 휴대전화를 들여다보는 경우가 더 많았다. 실제로 많은 연구 조사에서 도시에 비해 농어촌 지역 청소년의 인터넷 중독률이 높게 나타나고 있다.

아이들의 자유로운 일상은 다 어디로 사라진 걸까?

세제를 만드는 영국 기업 퍼실(Persil)에서는 몇 년 전부터 '더러워져도 괜찮아(Dirt is good)'라는 캠페인을 진행하고 있다. 캠페인 영상 중 아이들은 한 명도 나오지 않지만 무척 설득력 있는 영상이 있다. 감옥에 갇힌 죄수들에게 하루 두 시간 바깥 활동을 할 수 있는 시간이 주어진다고 한다. 이들에게 이 시간이 한 시간으로 줄어들면 어떻겠느냐고 물었다. 다들 미쳐버리든지, 분노 조절을 못하게 될 것이라고 답했다.

이어서 바깥 활동을 채 한 시간도 하지 못하는 사람들이 있다는 설명이 흘러나온다. 바로 아이들이다. 실제로 퍼실의 연구 조사에 따르면, 아이들 중 3분의 1이 하루 30분 이상 놀지 못하고, 심지어 5분의 1은 평일에 전혀 바깥 활동을 하지 못하는 것으로 나타났다. 우리나라도 예외가 아니다. 전 세계적으로 이런 현상이 나타나고 있으니 〈구니스〉, 〈ET〉, 〈스탠 바이 미〉 같은 모험극이 사라질 수밖에. 대체 우리는 아이들에게 무슨 짓을 하고 있는 걸까?

바깥보다 마크 게임이 더 자유로워요

"우리 딸이 이제 말을 조금 할 줄 알게 되었는데, '골목'이라는 단어를 이해를 못하는 거예요. 한참을 설명하고 그림을 그려가며 설명해줬는데도 감을 못 잡더라고요. 아무래도 아파트에서 살고 주변에도 아파트밖에 없다 보니 골목을 이해하기 어렵나 봐요."

함께 일하는 동료 팀장이 어느 날 이런 이야기를 했다. 요즘 아이들의 놀이 환경이 얼마나 척박해졌는지 이야기하는 자리에서 그녀는 우리가 어릴 적 살던 세계와 요즘 아이들의 세계가 얼마나 다른지 '골목'으로 설명했다.

듣기만 해도 바로 이해가 되는 나의 어릴 적 골목. 골목은 나에게 무궁무진한 놀이의 출발점이었다. 골목에서 동네 형들과 함께 공놀이도 하고 말뚝박기도 하고 딱지치기도 했다. 야트막한 담벼락 사이 좁은 공간이 어느 순간 무한대로 확장되는 기분을 느껴보지 못한 아이들이 있다는 사실은 참 서글픈 일이다.

요즘 아이들은 바깥 활동보다 스크린을 보며 노는 시간이 두 배가량 많다는 연구 결과가 있다. 실제로 요즘 내가 만난 아이들은 틈만 나면 조그만 스마트폰을 들여다보며 논다. 답답해 보여서 말을 붙였다. "요즘같이 날씨가 좋을 땐 나가서 자유롭게 뛰어노는 게 더 재밌지 않니?" 아이는 대답했다. "선생님, 여기가 더 자유롭고 재밌어요." 아이가 말한 '여기'는 요즘 아이들 사이에서 최고 인기라는 마인크래프트 게임이다. 게임계의 레고라 불리는 일명 마크는 반드시 이겨야 하는 적이 있는 것도 아니고 시간 안에 임무를 달성할 필요도 없다. 태평양처럼 한없이 확장하는 거대한 세계가 있고 그 속에 내 캐릭터가 있다.

아이들은 마크를 하며 엄청난 자유를 누린다. 함께 돌아다니고, 실컷 깨부수고, 맘껏 뭔가를 만든다. 내가 어릴 적 동네 골목을 뛰놀며 느끼던 감정을 요즘 아이들은 마인크래프트 속에서 느끼고 있겠지, 하며 애써 위안을 삼아보지만 서글프긴 마찬가지다.

세상은 그대로일지도 모른다

시대는 변하고 공간은 달라진다. 이를 표현하는 새로운 말과 새로운 개념이 생겨난다. 이렇게 세대가 흐르고 역사는 흐른다. 하지만 그럼에도 달라지지 않았으면 하는 것이 있다. 바로 즐거움으로 가득했던 어린 시절의 삶이다. 세월이 지나도 시간이 흘러도 공간이 바뀌어도 아이들의 삶은 즐거움으로, "참 재미있었다"라는 말로 가득했으면 좋겠다. 재미없다는 말, 지루하다는 말이 새로운 모험을 위한 동력이지, 현실에 대한 푸념이 아니었으면 한다.

세상은 바뀔 수 있을까? 상봉 놀이터와 세화 놀이터를 만들었지만, 아이들의 놀이가 갈수록 각박해지는 세상에 어떠한 변화도 불러오지 못했을 수도 있다. 이런 안타까운 생각이 들 때면 이러다 세상이 망하는 게 아닐까 싶어 오지랖 넓은 고민도 하게 된다.

백일잔치가 끝났을 때도 뿌듯함보다 허탈감이 컸다. 아마 내가 만나는 아이들의 일상이 바뀌지 않았기 때문일 것이다. 아이들의 삶은 어른들이 정해놓은 틀을 벗어나기 쉽지 않은데, 그 틀이 점점 좁아지고 있어서일 것이다.

작은 놀이터 두 곳이 일으킬 수 있는 변화는 아주 미미할지 모른다. 아이들을 갑갑한 삶으로, 비좁은 감옥으로 몰아붙이는 이 사회에 돌파구를 마련하기에는 너무나 작은 변화일지 모른다. 세상은 전혀 변하지 않을지도 모른다. 나의 바람과는 달리 아이들을 더더욱 옥죄는 방향으로 나아가고 있는지도 모른다.

놀이터를
지키는
소녀시대

서울시에서 상봉, 세화에 이어 두 번째 놀이터를 만들자는 제의를 했다. 1차 때에 비해 의사소통이 빠르게 진행되어, 놀이터 대상지를 정하기 위해 강동구의 한 놀이터를 방문했다. 인터넷 지도로 미리 지역을 훑어보며 근처에 학교, 어린이집, 유치원이 있는지, 인근에 다른 놀이터가 있는지, 대로변에 있거나 주택가에서 너무 멀리 떨어져 있는지, 근처에 아이들에게 유해한 시설이 있는지 살펴보았다.

내가 방문할 놀이터는 근처에 큰 공원이 있다는 점만 빼면 모든 면에서 놀이터를 만들기 상당히 좋은 조건이었다. 한번 해봐서인지 이제는 어느 정도 감이 온다. 그런데도 막상 현장에 가면 항상 새로운 이야기와 새로운 사람들이 포진해 있다. 결국 현장이다.

저 할아버지, 우리가 신고했어요

오후 세 시 정도에 도착해서 아이들이 별로 없을 거라 예상했다. 놀이터 옆 주차 구역에 차를 대고 가보니 가관이다. 놀이터 입구에서부터 잡풀이 어른 허리춤까지 자라 있고, 공병과 쓰레기가 곳곳에 널려 있다. 한쪽 구석에는 노인 한 분이 대낮부터 술을 거하게 마셨는지 웃통을 벗고 인사불성으로 고래고래 욕지거리를 내뱉는다. 옆에 있던 또 다른 노인은 "애들 놀이터에서 이러면 안 되지" 하며 만취 노인과 뜻 모를 말을 주고받는다. 정말 종합선물 세트다.

어떻게 해야 하나 망설이는 찰나, 지구대에서 경찰 두 명이 왔다. 금방 정리되겠구나 하고 지켜보는데 상황은 더 꼬여간다. 경찰들은 "여기서 이러시면 안 되죠. 집이 어디세요? 얼른 들어가세요" 식의 훈계만 하고 별다른 조치를 취하지 않았다(어쩌면 못한 것일지도). 오히려 주취자가 더 길길이 날뛰었다. "난 뭐 여기서 쉬면 안 돼? 누가 신고했어? 다 죽여버릴 거야!" 그는 10여 분간 승강이를 벌이다 구시렁대며 어딘가로 떠났다. 경찰도 돌아가고, 그 과정을 오롯이 지켜본 아이들만 남았다.

아이들은 내가 놀이터에 들어설 때부터 그곳에 있었고, 이 모든 과정을 지켜보았다. 초등학교 5~6학년 정도로 보이는 여섯 명의 여자아이였다. 내가 오기 전에, 그리고 경찰관이 오기 전에는 놀이터에 주취자와 아이들만 있었던 셈이다. 아찔했다. 물론 CCTV도 있고 외진 곳도 아니지만, 아이들에게 좋은 놀이 환경은 아니다. 나는 아이들에게 몇 가지 물어보았다.

"아저씨는 '놀이터를 지켜라'라는 캠페인을 하는 사람인데, 아이들의 권리를 지켜주는 곳에서 왔어. 혹시 몇 가지 물어봐도 될까?"

"아저씨 누구예요? 여기 왜 왔어요? 몇 살인데요?"

"왜 계속 우리 쳐다봤어요? 왜 여기 계속 있어요?"

"여기 원래 이래요. 저 할아버지도 자주 봤어요. 저 할아버지 말고도 몇 분 더 계세요."

"오늘도 우리가 신고한 거예요. 자주 신고해요. 이렇게 안 하면 계속 여기 들어와요."

아이들이 신고했다는 말에 적잖이 놀랐다. 정말 용감한 아이들이다. 한편으로 이 동네에는 놀이터를 지켜줄 어른이 없는 건지 의아했다.

"너희 왜 이 근처에 있는 큰 공원에 가서 놀지 않고 여기서 놀아?"

"거기는 우리가 놀 데가 아니에요. 어른들 천국이지. 우리는 여기서 우리끼리 노는 게 좋아요. 여기가 우리 놀이터니까요. 노숙자 아저씨가 욕을 하는데, 그래도 여기가 좋아요."

이어 아이들은 노숙자, 주취자가 자기들에게 어떤 몹쓸 짓을 했는지 이야기했다. 물론 약간의 과장을 섞어서.

놀이터를 지키는 사람, 놀이터를 떠나는 사람

이번에는 큰 공원에 가보았다. 한 바퀴 도는 데만 어른 걸음으로 10분가량 걸렸다. 사람들이 여기 다 있구나 싶을 정도로 붐볐다. 바둑판, 장기판이 대여섯 개 널려 있고 정자와 벤치마다 술병이 뒹굴었다. 운동기구마다 운동하는 노인들이 가득했다. 공원 산책로에도 운동하는 사람들이 가득했다.

눈을 씻고 찾아봐도 아이들은 보이지 않았다. 엄마들이 데리고 나온, 걸음마 연습을 하는 아기가 몇 명 있을 뿐이었다. 아까 놀이터에서 만난 초등학생 또래 아이들은 없었다. 어른들 천국이라고 한 아이의 말이 바로 이해가 되었다. 아이들이 놀이를 펼칠 '터'가 없었다. 여긴 아이들을 위한 공간이 아니다. 철저히 어른들을 위한 공간이다.

다시 놀이터로 돌아오니 아까 만난 아이들이 나를 반겼다. "어, 아저씨 왜 다시 왔어요?" 아까보다 더 많은 아이들이 놀이터에 모여 시끌시끌했다. 여자아이들은 자신들이 이 놀이터의 주인이라도 되는 듯 한가운데에 떡하니 자리 잡고 앉아 있었다. 지금보다 더 많은 아이들이 평소 이 놀이터를 이용하고 주말에는 더 멀리서도 온다고 했다.

마침 어린이집과 유치원 하교 시간에 맞춰 어머니 몇 분이 담소를 나누고 있었다. 그분들도 놀이터 상황을 잘 알고 있다며 걱정이 많다고 했다.

"옆에 큰 공원이 있어서 여러 동네에서 어르신들이 모이는데, 서로 다투고 왕따도 시키나 봐요. 큰 공원에서 어울리지 못한 어르신들이 왕왕 어린이 놀이터로 내려오세요."

"그렇군요. 그럼 어른들이 뭐라도 해야 하지 않을까요?"

"우리도 이사 온 지 얼마 안 돼서 여기 사정은 잘 몰라요."

이 놀이터, 아이들이 참 잘 노는 놀이터다. 지금까지는 그렇다. 아이들은 '놀이터'를 자신들의 놀이 공간으로 생각하고 지키려고 나름대로 애를 쓰고 있다. 하지만 확실히 위태롭다. 전국의 수많은 놀이터가 지키려는 자와 포기한 자, 떠난 자와 관심 없는 자로 나뉘어 있다. 언제까지 이 아이들이 놀이터를 지키는 소녀시대로 남아줄지, 소녀시대가 사라진 뒤에도 계속 누군가가 놀이터를 잘 지켜나갈 수 있을지, 걱정 어린 마음으로 발걸음을 돌려야 했다.

좋은 놀이터는
어떤 놀이터인가

상봉 놀이터와 세화 놀이터 백일잔치를 마치고 시간이 흐른 뒤, 몇 군데서 발표할 기회가 생겼다. 상봉과 세화의 소식을 아는 이들 중에 어떤 과정을 거쳐 놀이터가 만들어졌는지 궁금해하는 사람이 꽤 있었다. 지금까지와는 다른 작업 방식에 순수하게 호기심을 느끼는 사람도 있었고, 놀이터 개선 과정에 문제는 없었는지 날카로운 눈으로 살피려는 사람도 있었다. 기대했던 일이기도 했고 실제로 관심을 가져주니 신기하고 감사했다.

그런데 막상 자료를 준비하려니 쉽지 않았다. 내가 지나온 길을 스스로 반추하는 과정에서 순간순간 의심이 들었다. 하지만 반드시 거쳐야 할 과정이었다. 지금까지는 "이런저런 과정을 거쳐 만들었어요" 하면 됐지만, 이제는 스스로도 "이게 정말 옳았나?" 하는 의심이 생겼다. "우리가 만든 상봉 놀이터와 세화 놀이터는 진짜 좋은 놀이터일까?"라는 이 질문에 특히 답하기가 곤혹스러웠다.

누군가는 디자인이 훌륭한 놀이터가 좋은 놀이터라 할 테고, 누군가는 놀이 본연의 모습이 이상적으로(혹은 원시적으로) 구현된 놀이터가 좋은 놀이터라고 할 것이다. 그렇다면 아이들의 관점에서 좋은 놀이터는 어떤 놀이터일까? 정작 이 부분을 고민하는 사람은 드문 것 같다.

내 놀이터라고 할 수 있어야 좋은 놀이터다

'좋은 놀이터'란 어떤 놀이터일까? 첫째, 아이들이 잘 노는 놀이터다. 이 얼마나 명쾌하고 간단한 정리인가. 좋은 놀이터는 아이들이 잘 노는 놀이터다.

그런데 어른들이 흔히 하는 착각이 있다. 특이하고 멋진 놀이 기구가 있으면 아이들이 잘 놀 거라 짐작하는 것이다. 아이들은 부모에게 멋진 선물을 받아도 정작 선물은 제쳐두고 포장 상자에만 관심을 보일 때가 많듯이 화려하고 멋진 놀이 기구가 아무리 많아도 아이들이 놀기에 적합하지 않고 불편한 공간이라면 금세 아이들에게 외면당하기 마련이다.

실제로 내가 방문한 놀이터 중에는 아주 비싸고 질 좋은 놀이 기구가 가득하지만 나머지 부분은 아주 성의 없는 놀이터가 많았다. 놀이터 위치는 아이들이 오기 좋은 곳인가? 볕이 잘 들고 시야는 트여 있는가? 으슥하진 않은가? 나쁜 어른들에게 빼앗길 위험은 없는가? 관리가 되지 않아 더럽고 악취가 나진 않은가? 디자인 말고도 관심을 두어야 할 부분이 이렇게나 많은데, 좋은 놀이 기구를 많이 가져다놨으니 알아서 잘 놀겠지 하고 신경을 끈다.

놀이 기구가 아이들의 상상력을 방해하니 다 없애야 한다는 의견에 찬성하는 것은 아니다. 대다수 놀이터의 놀이 기구는 더욱 창의적이고 다양한 놀이 활동을 할 수 있게 한다는 측면에서 아이들의 좋은 친구가 되어준다. 다만 놀이 기구를 안전하고 일목요연하게 배치하는 것이 놀이터 만들기의 전부가 아니라는 점을 강조하고 싶다. 놀이 기구를 중심에 둔 놀이터 디자인은 '좋은 놀이터'를 구성하는 아주 작은 부분에 불과하다. 아이들이 잘 노는 놀이터를 만들려면, 고려해야 할 부분이 아주 많다.

아이들이 잘 노는 '좋은 놀이터'를 만드는 일은 참으로 어렵다. 특히 요즘처럼 놀이 환경이 척박한 상황에서는 예전처럼 적당히 만들고 내버려두면 절대로 좋은 놀이터가 될 수 없다. 그렇다면, 정말 아이들이 잘 노는 놀이터가 되려면 어떤 요소가 필요할까? 우선, 아이들 스스로 놀이터를 자신들의 공간으로 인식해야 한다.

"너희 동네에서 네가 노는 곳은 어디야?"라고 물어보면 쉽게 알 수 있다. 아이들 스스로 '내가 노는 공간'으로 인식하는 놀이터가 있는가 하면, 겉은 화려한데도 동네 아이들에게 '내 놀이 공간'으로 인식되지 못하는 놀이터도 있다. 이유는 여러 가지일 것이다.

놀이터 디자인, 깨끗한 주변 환경, 공간의 넓이 등 한두 가지로 규정하기 어려울 정도로 다양한 이유가 있다. 그럼에도 한 가지 분명한 사실은 동네 아이들에게 '내 놀이터'로 인식되어야 '좋은 놀이터'라는 점이다.

또한, 좋은 놀이터는 유지와 관리가 잘되는 놀이터다. 아무리 좋은 놀이터를 만들어봐야 몇 달 되지 않아 망가지고 더러워진 채 방치되면 이용할 수 없다. 유지 및 관리는 놀이터를 담당하는 사람들에게 가장 큰 숙제다. 자기 집 앞 쓰레기나 눈도 제대로 치우지 않는 사회에서는 공유 공간인 놀이터를 깨끗하게 유지하고 관리하는 시민 의식을 기대하기 어렵기 때문이다.

실제로 구청 주무관에게 이런 이야기를 들은 적이 있다. 어떤 동네 놀이터에 쓰레기가 조금 굴러다니고 있었단다. 이 쓰레기를 본 주민들은 직접 쓰레기를 줍는 대신 쓰레기를 치워달라고 수차례 구청에 민원을 넣었다. 수차례 민원을 넣을 정성과 노력이면, 얼마 되지 않는 쓰레기를 직접 치워도 될 텐데. 요즘 사람들은 무언가를 직접 해결하기보다는 관에 의존하려는 성향이 강하다고 주무관은 말했다.

놀이터는 구청과 같은 기초자치단체 소관이고 놀이터 담당 공무원은 구청당 한 명에 불과하다. 놀이터가 많은 동네라면 100여 개에 달하는 놀이터를 한 사람이 감당해야 한다. 매일 한 곳씩 돌아도 일 년에 몇 번을 못 돌 정도다. 그 결과 방치되는 놀이터가 많다. 주민들도 그냥 두고 관청도 신경을 쓰지 못하니 중간에서 아이들만 괴롭다. 물론 사용하는 사람이 깨끗하게 잘 사용하고 쓰레기도 버리지 않는 것이 가장 좋은데, 각양각색의 사람이 사용하는 것이라 그게 말처럼 쉽지 않다.

상봉 놀이터, 세화 놀이터가 지니는 의미

그럼 놀이터를 잘 유지하고 관리하는 비결은 무엇일까? 지역 사회에서 놀이터를 아이들의 놀이 공간으로 인정하고 아이들이 잘 놀 수 있도록 격려해주어야 한다. 이를 위해서는 민관의 역할이 중요하다. 지역 주민들은 아이들의 놀이를 보살피고, 놀이터라는 공간이 공동체의 소중한 자산임을 깨닫고 잘 관리해야 한다. 관청에서는 예산을 늘려 청소 인력을 확보하고 시설 보수 등을 제때 해야 한다. 또한 노숙자나 불량한 사람들에게 점령당하지 않도록 치안에 신경 써야 한다. 하지만 무엇보다 가장 중요한 핵심은 놀이터를 아끼는 사람이 많아져야 한다.

실제로 시장에 있는 한 놀이터는 지역 주민들이 모두 싫어하고 노숙자들이 점거한 상태라 누구도 그곳을 놀이터로 인식하고 있지 않았다. 그렇게 되기까지 많은 사연이 있었겠지만, 핵심은 그곳을 아끼는 사람이 아무도 없었다는 점이다. 주민들은 골칫덩이로 생각하고 관청도 속수무책이었다. 당연히 아이들은 그곳을 찾지 않았고, 주민들 중 그곳을 아이들의 놀이 공간으로 여기는 사람도 거의 없었다. 알고 보니 서울시가 꼽은 대표적인 우범지대로 특별 치안 관리가 필요한 공간 중 하나란다.

상황이 이렇다면 아무리 디자인이 좋고 화려한 놀이 기구가 있어도 절대 좋은 놀이터가 될 수 없다. 놀이터를 아끼는 사람들이 놀이터를 지키기 위해 간단한 청소부터 다양한 놀이 활동, 감시, 신고 등을 해줄 때 놀이터가 제대로 유지될 수 있다.

그럼 상봉 놀이터와 세화 놀이터는 좋은 놀이터일까? 아이들이 잘 놀고 유지 및 관리가 잘되고 있는가?

상봉 놀이터와 세화 놀이터는 놀이터를 만드는 과정에서 총 스물다섯 번에 걸쳐 아이들과 주민들이 워크숍, 놀이 활동 등에 함께 참여했다. 덕분에 "내 놀이터를 만들어줘서 고마워요"라고 말할 정도로 아이들은 놀이터를 '자신의 놀이터'로 인식하게 되었다. 친구들에게도 자신이 만드는 과정에 참여했다고 자랑하고 더 자주 찾아와 놀았다.

또한 개선 사업을 진행하는 과정에서 놀이터 활동가를 양성하고 그들에게 아이들의 놀이 공간을 지키는 적극적인 어른의 역할을 부여했다. 이들을 중심으로 완공 이후에도 석 달간 놀이 프로

1차 주민 운영프로그램 포스터

놀이터는 아이들의 놀이 공간이지만,
지역에서 가장 쉽게 접할 수 있는
공공 공간이기도 하다.

그램을 진행하고 백일잔치를 열어 지역 주민들 가운데 놀이터를 아끼는 사람이 많아지게 했다.

그 결과 주민들을 중심으로 놀이터 운영위원회가 자발적으로 조직되었고, 매주 목요일이면 주민이 직접 아이들과 함께하는 놀이 프로그램도 진행한다. 이제는 주민들도 놀이터는 놀이 기구보다 사람이 더 중요하다는 생각에 동의하고, 놀이터에 오는 사람이 놀이터를 지킨다는 생각으로 자기 몫을 다하고 있다.

마지막으로 상봉 놀이터와 세화 놀이터는 삼자 간 MOU 체결을 통해 서울시와 중랑구의 적극적인 협조하에 세이브더칠드런이 주도해 조성한 최초의 어린이공원 민관 협력 사업이다. 덕분에 놀이터를 지키는 적극적인 활동을 관청에 요구할 수 있었고, 놀이터 활동가와 구청 담당자를 직접 연결해 놀이터를 관리하는 방식을 채택할 수 있었다. 주민들이 주축이 되어 놀이터를 관리해주니 관청에서는 일손을 덜었고, 주민들과 관청 담당자가 메신저로 편하게 의견을 나눌 수 있을 정도로 유대 관계가 형성되었다. 이런 끈

끈한 관계는 놀이터 개선 사업이 종료된 뒤에도 놀이터를 유지하고 관리할 수 있는 탄탄한 토대가 된다.

사실 아이들은 공간, 시간, 친구만 있으면 어디서든 어떻게든 잘 논다. 놀이터 디자인이나 놀이 기구의 질이 반드시 중요한 문제는 아닐 수 있다. 하지만 우리 주변에 있는 수많은 놀이터 중에 아이들이 친구들과 함께 맘껏 놀 수 있는 좋은 놀이터는 그리 많지 않은 것 같다. 혹시 놀이터를 만드는 과정에서 이용자들의 주인의식을 북돋고 민관을 연결해 좋은 관계를 형성하는 데 무관심했던 탓은 아닐까.

놀이터를 만드는 사람, 놀이터를 사용하는 사람, 놀이터를 지키는 사람이 함께 참여할 때 좋은 놀이터가 만들어지지 않을까?

작지만
큰 변화

상봉 놀이터와 세화 놀이터를 만든 것으로 소기의 성과는 달성했지만, 가장 궁금한 질문은 쉽사리 해결되지 않았다. 아이들은 잘 놀고 있는가? 놀이를 통해 아이들과 지역사회에 긍정적인 변화가 생겼는가? 과학적으로 검증할 수는 없지만, 놀이터를 오가면서 들은 증언을 토대로 놀이터 완공 이후 나타난 변화에 대해 이야기해보려 한다.

놀이터, 할아버지의 자랑이 되다

"주말만 되면 여기가 아주 자전거 주차장이 된다니깐. 애들이 어찌나 멀리서부터 오는지 쓰레기에 뭐에 아주 골치 아파."

세화 놀이터 청소를 담당하는 할아버지가 내게 볼멘소리를 했다. 말은 그렇게 해도 주름진 얼굴에 희미한 미소가 피어나는 것으로 보아 놀이터에 애들이 많이 오는 게 마냥 싫지는 않은 눈치다. 세화 할아버지는 놀이터를 새롭게 단장하기 전부터 이곳 청소를 책임지고 있는 분이다. 워낙 꼼꼼하고 부지런해서 놀이터를 방문할 때 할아버지를 보지 못하는 경우가 드물 정도다. 세화는 아이들이 놀지 않는 공간이었는데도 청소 상태만은 깔끔했다. 그래서일까? 할아버지의 증언은 그야말로 신빙성이 있었다.

"자전거 주차장이요? 애들이 많이 오나 보네요? 다행이에요."

나는 놀란 얼굴로 할아버지에게 더 이야기해달라고 졸랐다. 할아버지는 내심 자신이 관리하는 놀이터가 잘 이용되고 있다는 사실에 자부심을 느끼는지 싱글벙글했다.

"아이고, 말도 마. 얼마나 멀리서부터 몰려오는지 주말에는 저 멀리 사는 애들도 친구들이랑 자전거 타고 원정을 온다고. 여기 뭐 볼 게 있다고 몰려드는 건지."

할아버지의 자랑 섞인 이야기를 듣고 있자니, 구청에서 나오는 공공근로 임금 몇 푼 때문에 할아버지가 이렇게 열심히 놀이터를 관리하고 있는 건 아니라는 생각이 들었다. 놀이터를 돌아보니 역시나 깔끔하게 잘 정돈되어 있다. 할아버지 손에 들린 휴지 몇 개와 아이스크림 막대가 할아버지가 이미 이 놀이터의 주인이라는 것을 말해주었다.

삼삼오오 모여 즐기는 달밤 극장

"아침 출근길에 보면 아이들이 학교 가기 전에도 모여서 놀아요. 매일 와서 놀고 싶은데 학원에 가야 해서 자주 못 오는 게 아쉽다면서요. 등굣길에 잠시라도 놀고 싶어서 친구들과 놀이터에서 만나 학교에 간대요."

달팽이마을 대표 이경진 씨는 세화 놀이터와 상봉 놀이터 덕분에 아이들이 노는 방식이 180도 달라졌다고 했다. 놀이터 백일잔치의 주역이기도 했던 이경진 대표는 놀이터가 생기자 아이들이 짬을 내서라도 논다며 주민이자 세화 놀이터 팬으로서 놀이터에서 만난 아이들의 흥미로운 이야기를 들려주었다.

놀이터가 생기자 아이들뿐 아니라 지역 주민들도 많이 바뀌었다고 했다. 주민들을 중심으로 놀이터 운영위원회가 조직되고, 인근 중고등학교 학생들로 조직된 놀이터 지키미들도 열심히 활동한단다. 매주 목요일이면 중랑구 공동육아 공동체를 중심으로 아이들과 함께 하는 놀이 운영 프로그램도 진행하고 있다고 한다.

주민들의 이런 움직임은 놀이터를 활용한 다양한 활동으로 이어졌다. 세화 놀이터 설계팀의 하춘 팀장에 따르면, 어느 가을날 밤에 주민들이 놀이터에서 달밤 극장을 열었다고 한다. 아가사랑 어린이집과 공동육아 팀이 하나가 되어 아이들을 위해 놀이터에

주민들이 직접 마련한 놀이터 달밤 극장. 놀이터가 바뀌자 아이들뿐 아니라 주민들도
더 돈독해졌다.

스크린과 빔프로젝터를 설치했다. 앰프와 노트북, DVD도 빌려서 직접 설치했다. 낮부터 한참을 놀던 아이들이 날이 어둑어둑해지자 평상에 둘러앉았다. 드디어 해가 지고 영화가 시작되었다. 팝콘 대신 뻥튀기를 손에 쥔 아이들은 빨려 들어갈 듯 화면에 집중했다.

그 모습을 보며 부모님의 어린 시절을 상상했다. 동네에 TV가 한 대밖에 없어서 온 동네 사람들이 함께 모여 TV를 보던 시절, 김일 선수의 박치기가 성공하면 모두 함께 손에 손을 잡고 만세를 부르던 그 시절. 예고에도 없던 비가 쏟아져 영화 관람은 중간에 멈춰야 했지만, 아이들에게는 그것 또한 일상을 채울 소중한 추억이 되었을 것이다.

"저는 세이브더칠드런이 두 개의 놀이터를 만들었다고 생각하지 않아요. 중랑구에 있는 42개 놀이터를 만든 거라고 생각해요. 놀이터는 놀이 시설보다 사람이 중요하다는 생각, 놀이터에 오는 사람이 놀이터를 지킨다는 생각을 우리에게 나누어주었으니까요."

이경진 대표는 백일잔치를 시작으로 중랑구 곳곳의 놀이터에서 잔치를 열어 모든 놀이터를 주민들의 공간으로 만들어나가기로 했다는 계획을 들려주었다. 그녀의 계획에 전적으로 힘을 보태고 싶다.

놀이터는 어른들의 공간이기도 하다

사실 놀이터는 아이들의 놀이 공간이지만, 지역에서 가장 쉽게 접할 수 있는 공공 공간이기도 하다. 지역 주민들이 다양한 활동을 할 수 있도록 열려 있는 공간인 셈이다.

놀이터를 만드는 과정에 지역 주민들을 초대했더니, 놀이터가 주민들이 활용할 수 있는 새로운 공간으로 거듭났다. 덕분에 이제는 주민들이 주인이 되어 이 공간을 어떻게 활용할지 상상력을 발휘하게 되었다. 공간을 통해서 상상하고 놀이터에서 이를 풀어낸다. 어떤 사람은 마을 공동체를 꿈꾸고, 어떤 사람은 공동육아를 꿈꾼다. 또 다른 이는 단순한 쉼터로 사용하기도 한다.

놀이터는 철저히 아이들을 위한 공간이어야 하고 어른들은 놀이터에서 사라져야 한다고 생각하는 사람도 있을 것이다. 내 생각은 다르다. 오히려 어른들이 놀이터를 활용해 다양한 활동을 하면서 자신들의 공간으로 아껴줬으면 좋겠다. 그 과정에서 놀이터도 자연스럽게 지킬 수 있고, 놀이터에서 뛰어노는 아이들의 놀이도 지켜줄 수 있을 것으로 생각한다.

놀이터가 버려지는 가장 큰 이유는 누구도 그곳의 주인이 되지 못한 탓이다. 지역 주민들이 놀이터를 자신들의 공간으로 활용할 수 있다면, 공간을 지키는 데 그보다 더 도움이 되는 일은 없을 것이다.

배경음악이 있는 술래잡기

"빠밤, 빠밤, 이렇게 휴대전화로 음악을 틀고 술래잡기하는 아이들 보신 적 있으신가요?"

pxd 송영일 책임의 얼굴이 달아오른다. 상봉 놀이터와 세화 놀이터가 완공된 뒤에 노는 아이들을 관찰하면서 발견한 사실을 나누는 시간이었다. 사용자 경험 디자인 회사인 pxd는 이번 놀이터 프로젝트에 참여한 C프로그램의 지원으로 놀이터가 만들어지는 과정과 만들어진 뒤의 아이들의 놀이를 관찰했다. 그 결과를 정리해 놀이터책(playbook.or.kr)이라는 사이트를 만들었는데, 그 과정에서 흥미로운 이야기를 전해주었다.

송 책임은 아이들의 놀이가 우리가 놀던 때와 비슷하면서도 새로운 방식으로 변해가는 것 같다고 했다. 아이들은 놀이터를 이용해 열심히 놀았다. 하루는 아이들이 휴대전화로 영화 〈조스〉 배경음악을 틀고 술래잡기를 하는데, 한 명이 잡히면 술래는 휴대전화를 넘기고 다음 술래가 음악에 맞춰 다시 놀이를 시작했다.

이 얼마나 신기하고 창의적인가? 어른들에게는 이질적으로 보이는 휴대전화와 놀이터가 아이들에게는 똑같은 놀이 요소라니. 술래잡기의 긴장감을 극대화하기 위해 휴대전화를 활용하는 것이 생각보다 재미없고 귀찮아서 나중에는 하지 않게 되었을 수도 있다. 그럼에도 이러한 시도와 놀이터를 배경으로 새로운 놀이를 만들어가려는 노력은 그 자체로 새로운 변화였다. 내가 어린 시절에 집 뒤편 언덕배기에서 종일 땅을 파고 트랙을 만들어 나름의 올림픽 경기장을 만들었듯이.

이런 새로운 시도와 변화가 새로 만들어진 놀이터를 배경으로 이루어져서 참 기쁘다. 아이들이 놀이터에서 간단한 놀이를 하다가 어느 순간 새로운 놀이를 개발하면서 자신의 놀이 역량을 확장해가는 과정 자체가 새로운 도전과 시도로 남을 것이다. 그래서 더욱 기대가 된다.

이 밖에도 새로운 소식이 들려왔다. 한번은 놀이터 백일잔치에 참여했던 이에게서 4~5학년쯤 된 아이들이 돌아가며 당번을 서고, 때로는 야근을 하며 놀이터를 지키고 있다는 이야기를 들었다. 마치 군인이 부대를 지키기 위해 불침번을 서듯 아이들도 자신들의 놀이터를 소중히 지키기 위해 근무도 서고 야근도 한다는 것이다. 놀이터가 만들어진 뒤 하루도 빠짐없이 놀러왔다며 자신을 전설이라 불러달라는 아이도 있었다. 여기저기서 변화의 소리가 들려온다.

놀이터를 만들 때만 해도 아이들과 주민들의 일상이 극적으로 변화하기를 기대했다. 놀지 않던 아이들이 놀게 되고, 밖에 나가길 꺼리던 부모들이 만족스러운 놀이터 덕분에 아이와 밖에서 보내는 시간이 늘어나고, 비만하던 아이가 놀이터에서 놀면서 체중이 줄고, 관계 부적응을 겪던 아이가 친구들을 사귀는 무수한 변화. 이 모든 변화를 눈으로 확인하지는 못했다.

하지만 노는 아이가 많아지고 조용하던 골목이 아이들 소리로 시끄러워진다. 놀이터에서 놀기 시작한 아이들이 어느덧 골목으로, 동네로 나온다. 새로운 놀이를 만들며 매달리고 뛰놀다 보니 하나같이 민첩하기 이를 데 없다. 지역 주민들도 놀이터를 활용해 다양한 활동을 시작한다. 평소 대화가 없던 어른들이 놀이터에서 뒤엉켜 노는 아이들 덕분에 대화를 시작한다. 이 모든 변화를 일일이 기록할 수는 없지만, 놀이터가 변하지 않았다면 생기지 않았을 일들이다.

놀이터가 만든 아주 작은 변화가 아이들과 지역 주민들의 삶에 미세한 파동을 만들어내고 있다. 이제부터 시작이다.

놀이터 지키기,
이제부터
시작이다

놀이 스터디를 시작할 때만 해도 대한민국의 놀이 문화는 척박했다. 국내 자료는 찾으려야 찾을 수가 없어서 외국 자료만 탐독했다. 놀이에 관해 이야기하는 사람들이 점차 늘어나고 있지만, 손에 꼽을 정도였다. 하지만 겨울 개울가를 덮은 얼음 아래로 맑은 물이 끊임없이 흐르듯 변화를 열망하는 분명한 흐름이 있었다.

놀이를 지키려는 전국 곳곳의 움직임

먼저 정부에서 아이들의 놀이를 행복과 연결시켜 확대하려는 움직임을 보이고 있다. 전국시도교육감협의회에서는 어린이 놀이 헌장을 만들었다. 아이들의 행복 증진을 목표로 보건복지부에서 수립한 아동정책 기본 계획에 놀 권리가 중요한 사항으로 들어가 있다. 문화관광부도 아이들의 놀이 여가를 확대하기 위해 연구에 돌입했다고 한다.

사회적 움직임도 빠뜨릴 수 없다. 우리 프로젝트를 함께 진행하고 절반을 후원한 C프로그램은 이후에도 아이들의 놀이 문화 확산을 위해 다양한 프로젝트를 진행하고 있다. "어린이에게 예술은 놀이다"라는 생각으로 헬로우뮤지움과 함께 놀면서 예술을 배우고 느낄 수 있는 동네 미술관 프로젝트도 진행했다. 또한 전국에서 플레이어스 포럼을 개최해 전국 방방곡곡에서 활동하고 있는 놀이 전문가들을 모아 이야기판을 만들었다. 놀공발전소와 함께 학교에 바닥 놀이터를 만드는 활동도 열정적으로 진행하고 있다.

놀이터 디자이너 편해문 씨는 순천시와 순천시 아이들, 주민들과 함께 놀이 기구 없는 놀이터, 기적의 놀이터를 만들고 있다. 외국의 유명한 놀이터 디자이너 책을 번역해서 소개하고, 자신이 직접 놀이터를 돌아다니며 느낀 점을 책으로 출간해 놀이에 관한 논의를 확대하고 있다. 이 밖에도 이름을 다 열거하기 어려운 크고 작은 단체와 개인들이 아이들의 놀이를 지켜주기 위해 각자의 방식으로 노력하고 있다.

우리 기관도 가만히 있을 수 없다. 중랑구에 도시 놀이터를 만들었으니 이번에는 농어촌이다. 농어촌에서는 방과 후 아이들이 집에 혼자 방치되어 있는 경우가 많고 아이들이 모여 놀 수 있는 공간이 없다는 문제의식을 바탕으로 놀지모의 최선아 과장이 농어촌에 놀이터를 만들기 시작했다. 또한 인터넷 포털 사이트에 놀지모 멤버들이 그간의 이야기를 담은 글을 연재하기도 했다. 세화의 바닥 놀이에서 착안해 김해 봉황초등학교 아이들, C프로그램, 놀공과 함께 바닥 놀이 프로젝트를 진행해 하이서울페스티벌에서 놀이 한마당을 펼치기도 했다.

정책 개선으로 이어진 성과들

정책 개선 활동으로 소기의 성과도 거두었다. 2015년 1월에 놀이터 1,500여 개가 일시에 이용 금지된 데 대해 연초부터 지속적으로 의견을 개진해왔다. 하지만 정작 입법부에서는 선거권이 없는 아이들 문제에는 큰 관심이 없는지, 놀이터 이용 금지 장기화 문제를 해결할 법안들이 발의되었는데도 별다른 진척이 보이지 않았다. 이대로 가다가는 20대 국회가 구성되고 또 몇 년이 흘러도 놀이터를 회복시키지 못할 수도 있다는 우려가 생겼다.

그래서 급한 마음에 성명서를 발표하고 놀이터 문제를 해결하기 위해 발의된 법안들을 19대 국회 때 반드시 통과시킬 것을 촉구했다. 또한 언론에 기사를 내고 인터뷰를 하며 의식을 환기시켰다. 우리 기관의 힘만으로는 어려울 것 같다는 판단이 들어 아동 관련 단체와 놀이 전문가들에게 연대의 손길을 내밀었다. 그 결과

월드비전, 굿네이버스, 유니세프 등 36개 아동 단체, 126명의 전문가와 개인이 성명서 발표에 참여해주었고, 초록우산 어린이재단도 같은 문제의식을 가지고 열심히 활동해주었다.

그 결과 전국의 놀이터 폐쇄를 불러온 어린이 놀이 시설 안전관리법이 '이용 금지된 곳은 반드시 고쳐야 하고, 그렇지 않을 경우 과태료를 물어야 하며, 돈이 없어서 고치기 어려운 곳은 지방자치단체의 보조를 받아 고칠 수 있게' 하는 방향으로 바뀌었다. 이미 이용이 금지된 모든 놀이터를 다시 열기까지는 시간이 많이 걸리겠지만, 그래도 방향은 잘 잡았다고 생각한다.

이런 일련의 움직임 덕분인지 서울시도 놀이터를 만드는 과정에 아이들의 참여와 민관 협력을 기본 요건으로 포함하는 '어린이 놀이터 함께 만들기 약속'을 수립했다. 그리고 '어린이, 부모, 이웃과 소통하며 어린이 놀이터를 함께 만들겠다', '동네에서 가장 좋은 곳에 놀이터를 만들겠다', '주민과 함께 유지 관리하겠다' 등 우리가 상봉 놀이터와 세화 놀이터를 만들 때 지키려고 했던 원칙이 포함된 여섯 가지 원칙을 만들었다. 이제는 다른 시도 단체에서도 옛날처럼 낯선 사람들이 들어와 놀이 기구 몇 개 설치하고 자기들끼리 개장식을 하고 "잘 쓰세요" 하고 끝내는 방식으로 놀이터를 만들려고 하지 않을 것이다. 그런 놀이터는 살아남기 어렵다.

수업 시간 중간에 놀이 시간을 주는 학교도 많아지고 있다. 실제로 내가 방문한 대전과 광주의 학교에는 곳곳에 아이들을 위한 놀이 공간이 만들어져 있었다. 아이들의 손때가 묻어 투박해 보였지만, 아이들은 놀이를 인정해주는 학교와 교사들 덕분에 쉬는 시간과 점심시간을 활용해 맘껏 놀았다. 학교를 벗어난 아이들의 놀이가 어떠한지는 알 수 없지만 시간과 공간, 친구가 있는 학교에서 놀이를 통해 힘을 충분히 기른 아이들은 학교 밖에서도 잘 놀 것이다.

네덜란드 아이들이 시위를 벌인 이유

사회적으로 놀이에 대한 논의가 풍성해지고, 다양한 행위자가 등장해 새로운 흐름을 만들어내고 있다. 내가 이런 움직임에 큰 영향을 미친 것도 아니고, 우리 기관이 엄청난 일을 해낸 것도 아니다. 이미 지역에서 아이들과 함께 수년간 묵묵히 놀이 문화를 일구어온 많은 이들의 노력이 맞물렸기에 가능했던 일이다. 아이들의 놀이를 소중히 여기고 아껴온 사람들, 어릴 적 놀던 기억을 내 아이, 우리 마을 아이들에게 남겨주고 싶어서 자발적으로 헌신해온 사람들이 있었기에 놀이판이 점차 커질 수 있었다.

나는 후발주자로서 거기에 숟가락을 하나 얹었다고 해도 사실 과분하다. 함께 놀이에 대해 이야기할 사람이 많아지고 있다. 그

아주 평범한 아이들의 행복을
간과해서는 안 된다.

⋮

만큼 놀이에 관한 사회적 논의도 확대되고 있다. 하지만 무엇보다 기대되는 것은 확대되는 놀이판에서 놀이를 즐기는 아이들이 늘어나고 있다는 점이다.

1972년 네덜란드 암스테르담의 데파이프 지역에서는 성난 아이들이 시위를 벌였다. 당시 암스테르담은 도시화 과정에서 인구가 밀집되었고, 그중에서도 데파이프 지역의 인구 밀집도는 암스테르담의 평균보다 다섯 배나 높았다. 길거리는 차로 뒤덮였고, 나무 한 그루 심을 공간도 부족할 정도로 도시는 삭막해졌다. 그런 상황에서 아이들은 관심 밖의 존재였다.

수업 시간에 아이들은 자기 동네에서 맘에 들지 않는 점에 대해 논의했고 이를 에세이로 남겼다. 자동차가 점거한 도로에서 많은 사고가 발생했고 공기는 오염되었다. 특히 아이들이 놀 공간이 남아 있지 않다는 이야기가 많은 공감을 얻었다. 더 이상 참지 못한 아이들은 놀이 골목을 만들기 위해 거리로 나와 주민들을 설득하기 시작했다.

아이들의 이야기에 공감해 서명에 동참하고 응원하는 어른들도 있었다. 하지만 길은 자동차를 위한 것이고 누구도 이를 막을 수 없다는 냉소적인 반응이 대부분이었다.

결국 직접 행동에 나선 아이들은 자신들을 응원하는 어른들과 함께 길 하나를 막기 시작했다. 철제 바리케이드가 설치되었고, 아이들은 자신들의 목소리를 담은 피켓을 들고 거리를 행진했다. 간단한 음률이 실린 구호도 함께 외쳤다. 아이들의 목소리는 단순했다.

"길에서 차를 치워주세요. 우리는 놀고 싶어요."

차들은 핸들을 돌려야 했고, 몇몇 성난 운전자는 길을 막고 있는 바리케이드를 치우려고 했다. 한쪽에서는 캠페인에 찬성하는 사람들과 도로를 막아서는 것에 반대하는 사람들이 '아이들을 위한 놀이 공간이 반드시 필요한가?'를 주제로 언쟁을 벌였다. 결국 경찰이 출동하는 지경에 이르렀다. 이후에도 어른들은 아이들을 위해 토론을 이어갔다. 결국 고위 공무원이 나서서 아이들을 위해 몇 가지를 약속했다. 데파이프 거리 몇 개를 '놀이 골목'으로 지정하겠다는 것과 교통량을 줄이기 위해 일방통행 정책을 도입하겠다는 것이었다.

세대를 이어 전해질 놀이의 힘

투쟁 결과, 아이들을 위한 놀이 골목이 만들어졌다. 도로 한쪽에 세워져 있던 차들이 사라지고 아이들을 위한 공간이 만들어졌다. 어떤 아이는 콩콩이를 타고 나왔고, 어떤 아이는 롤러스케이트를 타고 나왔다. 처음에는 정말 도로를 이용해도 되는 건가 미심쩍어 주저했지만, 이내 각자 좋아하는 놀이를 펼쳤다. 바닥에 그림을 그리고 바닥 놀이를 즐기는 아이들부터 둘러앉아 수다를 떠는 아이들까지, 아이들은 집 앞 골목에서 하고 싶은 놀이를 맘껏 즐겼다.

현재 데파이프 지역은 1970년대에 비해 차도가 현저히 줄어들었고, 인도와 자전거 도로, 가로수가 늘어났다. 나는 이런 변화가 한순간에 만들어졌다고 생각하지 않는다. 45년이 흐르는 동안 놀이 골목을 만들어달라고 피켓을 들고 목소리를 내던 아이가 어른이 되어, 어릴 적 생각했던 대로 놀이 친화적이고 걷기 좋은 도시를 만들어가는 변화를 일궈냈다고 생각한다.

우리가 만든 상봉 놀이터와 세화 놀이터를 포함해 놀이를 소중히 여기는 사람들이 이곳저곳에서 만들고 있는 놀이판이 지금 당장은 큰 효과를 거두지 못할지도 모른다. 누군가는 공부하기도 바쁜데 참 쓸모없는 일에 힘쓴다고 생각할 수도 있다. 아이들의 놀이를 방해하는 사회적 힘이 너무나 거대하기 때문이다. 때로는 좌절하기도 하지만 그 과정에서 아이들이 남는다. 함께 이야기하고 함께 만들고 함께 맘껏 뛰어노는 아이들이 남아 있다.

우리는 떠나도 아이들은 남는다. 그러니 이제부터 시작이다. 이 아이들이 자라 어른이 되면, 자기들이 맘껏 놀며 느꼈던 행복감을 다음 세대 아이들에게 전해줄 것이다. 1972년 네덜란드에서 그랬던 것처럼, 그리고 지금 내가 그러고 있는 것처럼.

평범한 아이들의 행복을 지켜야 한다

입사 초기에 영어학원 아침반을 다닌 적이 있다. 외국인 교사와 대화를 나누고 함께 독해하는 수업이었다. 그때 한 남자 대학생을 만났다. 카투사 출신인데 영어를 잊어버리지 않으려고 학원에 다닌다고 했다. 대화식으로 수업이 진행되는 데다 몇 달 같이 수업을 듣다 보니 어느새 개인적인 이야기를 나누는 사이가 되었다. 그 학생은 참 건실한 청년이었다. 수업도 열심히 듣고, 아르바이트도 열심히 하고, 교우 관계도 잘 쌓아가는 것 같았다. 아무리 바빠도 숙제를 빼먹지 않고 열심히 했다.

그런데 삶의 만족도가 낮아 보였다. 삶을 충분히 즐기지 못한다는 느낌이 들었다. 일이 원하는 방향으로 되지 않거나 작은 변수가 생기면 초조해했다.

그는 내가 세이브더칠드런에서 일한다는 것을 알고 큰 관심을 보였다. 부럽다고도 했다. 특히 놀이에 관한 일을 한다는 사실에,

그렇게 자유롭게 일할 수 있다는 사실에, 그러면서 돈을 벌 수 있다는 사실에 무척 놀라워했다. 나는 그와 놀이에 관해 이야기하다가 흥미로우면서도 무척이나 씁쓸한 이야기를 들었다.

"저는 충분히 논다는 게 어떤 느낌인지 모르겠어요. 지금까지 한 번도 충분히 놀아본 적이 없어서 그럴 거예요. '와, 잘 놀았다'라는 게 도대체 어떤 느낌인가요?"

나는 깜짝 놀라서 어렸을 때는 충분히 놀지 않았느냐고 물었다. 그는 씁쓸하게 웃으며 어린 시절부터 학원을 몇 군데씩 다니느라 정말 통쾌할 정도로 실컷 놀아본 적이 없다고 했다. 그러면서 원망 섞인 미소를 지었다. 마음이 아팠다.

그에 비하면 내 어린 시절은 얼마나 큰 축복인지 모른다. 나는 매일 지칠 때까지 놀았다. 너무 많이 놀아서 심심하다고 생각할 정도였다. 그래서인지 어린 시절을 돌아보면 놀면서 행복했던 기억이 가득하다. 하지만 내 주변에도 그 학생처럼 충분히 놀지 못한 아이들이 있다. 미안했다. 시대가 변했다는 말로, 경쟁이 더 치열해졌다는 말로 변명할 수 없는 '미안함'이 밀려왔다.

사실 아이들의 삶은 대부분 어른들이 만든 환경에 종속될 수밖에 없다. 따라서 어떤 가정, 어떤 부모, 어떤 동네, 어떤 나라에서 사느냐에 따라 삶의 경험이 크게 달라진다. 따라서 아이들의 놀이가 부족해진 이유로 부모의 과도한 교육열만 탓할 수는 없다. 말

그대로 대한민국의 놀이 환경 자체가 척박해졌으니까.

우리 기관과 비슷한 아동 관련 단체들이 가장 관심을 쏟는 분야는 요보호 아동으로 불리는 사회적 도움이 필요한 아이들이다. 사회의 도움이 없이는 생존하는 것조차 어려운 아이들을 돕는 일은 우리에게 너무나 당연한 사명이다. 하지만 우리가 간과해서는 안 될 것이 아주 평범한 아이들의 행복이다.

'놀이터를 지켜라' 캠페인을 진행하던 어느 날 출근길에 휴대전화로 뉴스를 검색하다가 나도 모르게 울컥한 일이 있다. 어린 나이에 자살한 아이에 관한 기사였다. 짧은 기사 몇 줄에는 아이의 고민이 담겨 있지 않았다. 왜 이 세상을 등져야 했는지, 그 아이를 가장 힘들게 한 것은 무엇인지, 누군가가 옆에서 아이와 슬픔을 나누고 잘못된 선택을 되돌릴 수는 없었는지.

한림대에서 실시한 한 연구 조사에 따르면, 2014년 자살한 중고교생 118명 가운데 자살 당시의 고민이 파악된 아이는 75명이고, 그중 26.8퍼센트는 성적 문제로 고민하다 목숨을 끊었다고 한다. 우울감(21.1퍼센트), 가정 내 갈등(18.3퍼센트), 친구 간 갈등(7.7퍼센트)이 뒤를 이었다. 한국 청소년의 학업 스트레스가 얼마나 극심한지 보여주는 결과였다. 기사에 나온 그 아이의 고민은 아마 파악되지 못했을 것이다. 그럼에도 만약 그 아이가 충분히 놀고 자유롭게 시간을 쓰고, 스트레스 없이 적당한 수준으로 공부를 했다면 과연 같은 선택을 했을까 의문이 들었다. 친구들과 맘껏 놀면서 세상을 견딜 힘을 쌓았다면, 결과가 조금은 달라지지 않았을까?

다시 세화 놀이터에 가보았다. 추운 겨울이었다. 놀이터는 여전히 그 모습 그대로 남아 있었다. 한낮인데도 쌀쌀하고 주변 건물들이 재건축 중이어서인지 놀이터에는 아이들이 많지 않았다. 서너 명의 아이들이 모여서 휴대전화를 들여다보거나 곳곳에 매달려 이야기를 나누고 있었다. 나는 아이들이 우리가 만든 놀이터를 잘 사용하고 있는지 한참 동안 지켜보았다. 아주 격렬하고 재미있는 놀이를 하고 있지는 않았다. 실망할 수도 있는 상황에서 용기를 내어 아이에게 놀이터가 어떤지 물어보았다.

"우리 여기서 많이 놀아요. 친구들이 많거든요. 그래도 나올 곳이 있어서 좋아요." 아이의 한마디가 큰 힘이 되었다.

상봉 놀이터로 발걸음을 옮겼다. 날이 조금 더 따뜻해졌다. 놀이터 근처에 가니 아이들 웃음소리가 벌써부터 들리기 시작했다. 놀이가 한창이었다. 몰려다니며 자전거 릴레이를 하는 아이들, 미니카를 가져와서 노는 아이들, 조합놀이대에서 술래잡기를 하는 아이들…… 약 스무 명의 아이들이 놀이터 곳곳에서 놀고 있었다.

미끄럼틀 위로 다니는 아이들이 특히 인상 깊었다. 상봉 놀이터의 높은 미끄럼틀은 안전기준 때문에 뚜껑이 있는 원통형으로 만들었다. 놀이터가 만들어진 초기부터 미끄럼틀은 아이들의 도전거리였다. 나이가 조금 있는 아이들은 미끄럼틀을 거꾸로 올라가며 용감함을 뽐냈다. 그런데 이번에 가서 보니 아이들의 몸놀림이 예사롭지 않았다. 거의 날아다니듯 미끄럼틀 위로 올라가서 조합 놀이대 꼭대기로 이동했다. 하루 이틀 해본 몸놀림이 아니었다. 그만큼 열심히 놀며 날렵해졌구나 싶었다.

여기서 아이들이 많이 노느냐고 물었다. "여기 애들 완전 미어터져요. 많을 때는 50명 가까이 놀아서 놀 곳이 부족할 정도예요. 재미있고 애들도 많으니까 여기로 와요."

놀 곳이 생긴 아이들, 날렵해진 아이들, 한층 자신감이 넘쳐 보이는 아이들. 내가 만난 아이들은 우리가 만든 놀이터가 결코 시간 낭비가 아니었고 잘못된 선택이 아니었음을 온몸으로 증명하고 있었다. 아이들의 삶에 재미있는 놀이 공간이 하나 생기는 작은 변화가 앞으로 살아갈 인생에서 맞닥뜨릴 고난에 견디는 힘을 더 강하게 해주길 기대해본다.

내가 어렸을 때 잘 놀았으니 지금 자라나는 아이들도 같은 기회를 누려야 하는 것 아닌가, 라는 부채의식에서 시작한 일이 흐르고 흘러 책 한 권이 되었다. 우리 모두가 같은 꿈을 품었기에 가능했고, 이전부터 놀이를 연구하며 고민해온 많은 이들의 노고가 있었기에 가능했던 일이다.

어릴 적 놀이터에 가면 항상 흔적이 있었다. 나는 전날 누군가가 놀고 간 흔적들 위에 내 놀이를 쌓아갔다. 발자국에 맞게 뛰면 다치지 않았고, 매끈한 발 디딤판을 이용하면 나무에서 미끄러지지 않았다. 놀이를 통해 전해지는 경험이다. '놀이터를 지켜라' 캠페인을 진행하면서도 마찬가지로 누군가가 고민하고 시도했던 흔적들 위에서 시작했다. 덕분에 일이 훨씬 수월했고 헤매지 않고 방향을 잡을 수 있었다. 참 감사하다. 어쩌면 또 다른 누군가가 놀이에 대해 고민할 때 나 역시 그의 출발점이 될 수 있을지 모른다.

놀이에 대해 고민하고 함께 노력하는 사람이 더 많아져야 한다. "내가 어릴 때는 정말 온종일 노느라 재미있었는데"라며 한탄만 할 것이 아니라 우리 아이들도 우리처럼 말할 수 있는 환경을 만들기 위해 힘을 합쳐야 한다. 하나의 울림이 또 다른 파장을 만들어가듯, 놀이는 그렇게 확장되고 전수되며 이어진다. 이 글을 읽고 있는 당신이 그 울림의 출발점이 되어야 한다.

이 책은 제가 썼으나 저만의 이야기는 아닙니다. 저는 다만 옆에서 지켜보고 확인하고 이야기했을 뿐입니다. 모두 함께한 일을 제가 정리했을 뿐입니다. 글솜씨가 미천해서 혹여 왜곡되거나 빠진 부분이 있다면 너그러이 이해해주시길 바랍니다. 세이브더칠드런코리아(김희경, 김은정, 유희정, 임세와, 김진), C프로그램(엄윤미, 신혜미, 이선영), 조경작업소 울(김연금, 기아미, 박지영, 김수정, 임수정), 경기대 대학원 커뮤니티디자인연구실(이영범, 이종원, 하춘, 박준영, 권은지), 아트니어링(임용현), 스페이스톡(정재욱), pxd(송영일, 조준희, 정다영, 박세원, 최준원), 놀공(피터공, 애련공, 윤식공), 서울시(최현실, 최윤종, 배희정, 장상규, 조윤주, 변동풍, 최은정, 박나현), 중랑구(김남주, 배효성), 놀이터를 함께 만들어주신 새싹 어린이집, 세화어린이집, 아가사랑어린이집, 점프어린이집, 느릿느릿육아사랑방, 느낌있는달팽이, 달팽이마을, 배꼽친구, 중랑마을넷, 상봉2동 주민들, 중화2동 주민들, 놀지모 사람들(최선아, 서영진, 고우현, 김영란), UNCRC31 스터디 멤버(신은정, 이수현, 박선미, 이항재)에게 감사의 마음을 전합니다.

또한, 혹시라도 이름이 빠진 분들이 있다면 죄송하다는 말과 함께 감사를 전합니다.

놀이터를
지켜라

첫판 1쇄 펴낸날 2016년 9월 30일
2쇄 펴낸날 2019년 1월 15일

지은이 제충만
발행인 김혜경
편집인 김수진
편집기획 이은정 김교석 조한나 최미혜 김수연 유예림
디자인 박정민 민희라
경영지원국 안정숙
마케팅 문창운 정재연
회계 임옥희 양여진 김주연

펴낸곳 (주)도서출판 푸른숲
출판등록 2003년 12월 17일 제406-2003-000032호
주소 경기도 파주시 회동길 57-9, 우편번호 10881
전화 031)955-1400(마케팅부), 031)955-1410(편집부)
팩스 031)955-1406(마케팅부), 031)955-1424(편집부)
홈페이지 www.prunsoop.co.kr
페이스북 www.facebook.com/prunsoop   인스타그램 @prunsoop

ⓒ푸른숲, 2016
ISBN 979-11-5675-664-4 (03330)

이 도서의 국립중앙도서관 출판시도서목록(CIP)은 e-CIP 홈페이지(http://www.nl.go.kr/ecip)와
국가자료공동목록시스템(http://www.nl.go.kr/kolisnet)에서 이용하실 수 있습니다. (CIP2016022829)